BLAH !

COLLECTIF

BLAH !

UNE ANTHOLOGIE DU SLAM

spoke

FLORENT MASSOT

ISBN 978-2-916-54610-0

nada

abd el haq

normal

yo

paul cash

d' de kabal

félix j

julia kino

grand corps malade

joël flammer

frédéric nevchehirlian

grégoire pellequer

céline robinet

gaspard

naima chahboun

dgiz

lyor

dame gabrielle

le robert

didier feldmann

khalid tâ-ib

chantal carbon

ucoc lai

éric cartier

la gabin

da gobleen

marco codjia

nico k

benoît izard

tô

damien noury

néobled

rouda

hocine ben

mc clean

.... tout va bien,
mais personne ne s'en doute...

LE FEU PASSE AU ROUGE : C'EST PARTI

« la différence entre une scène slam et une soirée poésie
c'est que si tu dis que c'est une soirée slam t'as 10 fois plus de gens »

panorama d'une petite dizaine d'années
de scènes ouvertes de poésie du début des années 2000 -
les activistes qui ont redonné du souffle à la langue :
ils l'ont mise sur le trottoir -
il y a eu une reprise en main -
c'est SIMPLEMENT une tentative de dialogue NON communication -
l'intérêt c'est de confronter les humeurs parce-que ça permet
de se connaître et vu l'ambiance qui règne en ville c'est déjà pas mal -
1996 a vu les précurseurs car il y avait déjà
MC CLEAN, NADA, FUCKING JOJO, PILOTE, etc...
2000 a vu les premiers collectifs où il y avait
129H, SPOKE ORKESTRA, VIBRION...
et aussi bientôt les premiers tournois -
2004 a vu les victoires de la musique france football etc...
ce livre est une contradiction car il met sur le papier
ce qui est dit avec la bouche -
il essaie en tout cas - il passe outre -
vous le savez : on a rien inventé -
la scène est celle où l'ensemble de ces œuvres ont été créées -
pour le rappel des faits on lira çi-après -

ce livre vous engage avec ferveur à vous rendre le plus vite possible
sur un point chaud pour en sentir l'atmosphère -
avec le sentiment que les carottes ne sont pas encore cuites -
la poésie pauvre -
les salons littéraires -
les clubs de rencontre -
ce livre ne va pas fabriquer un genre
car il est une photo juste une photo d'une scène -
les textes ne sont pas de poissy pas de st germain des prés
ni ni ni rue du faubourg du temple ni marseille ni bordeaux
ni stockholm ni berlin ni st denis ni puteaux ni paris ni nantes :
ils sont là -
à choisir la naïveté contre le ricanement -
dans tous les cas -
« c'est vous qui les écrivez ces textes ? »
il y a également un cd avec un moment de scène
qu'il est possible d'écouter bien calé dans son intérieur cuir -
on voit bien que ce qui passe hors-champ
dans le moment est aussi important que ce qu'il y a là sur scène -
becoz la guérilla fait pas dans la dentelle de calais -
becoz les énergies rassemblées -

félix j -

1995, nous sommes une dizaine à nous retrouver chaque mardi soir, pour y clamer nos textes, dans ce bar exigü de la rue André Antoine (18ème arrondissement) tenu par Tex et Niko.

Pour moi (Nada), ex-punk-toxicomane violemment introverti, ce rendez-vous hebdomadaire que je ne manquerai sous aucun prétexte me donne une opportunité d'exister ailleurs qu'entre les quatre murs de cette chambre que j'habite au sous-sol du pavillon de banlieue appartenant à mes parents.

Il n'est pas à cette époque question de slam, mais plutôt d'un point de chute où je bénéficie d'une réelle écoute et d'une motivation à écrire le plus fréquemment possible, afin d'offrir à mes afficionados un ou plusieurs inédits lors de chacun de mes passages sur cette estrade de deux mètres carrés faisant office de scène.

Il faudra attendre octobre 1998 pour que Laure P, en quête d'un article à rédiger pour le compte de Novamag *emploie le terme slam en France.*

Elle est là, sagement assise sur un tabouret, un appareil photo en bandoulière. Tex, dès qu'il me voit franchir la porte du Club-Club (nom mythique d'un endroit qui ne l'est pas moins) me présente à cette charmante jeune femme ravie d'apprendre mon histoire et plus ravie encore d'apprendre que je connnais l'existence du slam (un heureux hasard a voulu qu'un après-midi de juin 1998, passant devant l'auditorium du forum des halles, j'y lise, scotché sur l'une de ses vitres, une photocopie d'un article consacré à Saul Williams, au film de Marc Levin et à cet art oratoire en pleine ascendance outre-atlantique).

J'assiste, grâce à la gentillesse de Laure, à la projection privée en avant-première du film « Slam » *dans une salle du 8ème arrondissement, un déclic se produit en moi, je sors bouleversé du cinéma, habité par cette certitude qu'un courant poétique et littéraire issu de la rue (du peuple ?) peut naître en France.*

Les choses s'enchainent alors très vite, elles se précipitent même, en l'espace de deux, trois ans, les scènes ouvertes de slam poésie se multiplient, dans les bars parisiens, puis dans ceux des grandes villes de province, puis sur l'ensemble du territoire. Le principe de la scène ouverte slam est d'une simplicité rudimentaire : vous vous inscrivez auprès de l'organisateur, vous avez, quand il vous invite à prendre la parole, trois minutes pour vous exprimer, devez le faire a cappella, *sans fond musical et recevez en remerciement de votre participation un ticket vous donnant droit à une boisson gratuite.*

Comme nous ne savons pas regarder les américains sans les imiter, les tournois de poésie suivent les scènes ouvertes, nos poètes se retrouvent donc notés de 0 à 10 par un jury tiré au sort parmi le public ou par le volume d'applaudissement produit par l'ensemble du public.

...

Cet ouvrage permettra à la majeure partie d'entre nous de ne pas pourrir au fond des catacombes de l'oubli une fois la mode passée.
Les éditeurs de cette anthologie n'ont pas sélectionné les surdoués de la scène slam, ils en ont sélectionné les acteurs, en s'efforçant de choisir ce que chacun d'eux (d'elles) pouvait donner de meilleur : cette anthologie ne se cantonne pas à ce que la presse et la télévision vous rabachent au sujet du slam, elle vous montre le slam dans toute l'étendue de sa diversité.

Quant au rôle social de ce courant culturel, au travers des scènes ouvertes émergeant à tous les coins de rues, il est incontestable : essayez d'aller cracher vos états d'âme aux oreilles d'un auditoire qui vous applaudira quoi qu'il advienne et quoi que vous éructiez, et dites moi après qu'il n'est pas réconfortant, dans la salle enfumée de ce bar malodorant, de mêler votre esseulement à la solitude de vos semblables.

nada -

juin 2007 -

nada

PUBLIVORE BLUES

Petite juive tunisienne, élevée dans une cité
elle connaît la galère et les halls dévastés,
elle n'est pas toxicomane, elle étudie sans arrêt
afin de réussir dans la publicité.
Bien au-delà du bac elle a persévéré
pour s'ouvrir les portes d'un milieu très fermé,
elle rêve simplement de devenir la meilleure
ce leitmotiv malfaisant sert de moteur à son cœur,
quand tu lui parles d'amour, elle s'effondre en pleurs
c'est une publivore hermétique au bonheur.
Un samedi par mois, elle emmène au MacDo
des gosses de la Courneuve qu'elle a connus au berceau,
Mamadou et Dialo, les garnements maliens
Djamila la Kabyle à l'avenir incertain,
trois lutins de quartier criants de vérité
que l'appât du gain destine à mal tourner,
trois lutins de quartier criants de vérité
restent ses seuls moments de paix et de sérénité.
Une fois que les gamins retournent vers leur mère
elle continue à bosser sur ses argumentaires,
gavée de scénarios, de films de vingt secondes
changement de décor, elle passe dans l'autre monde.
Il n'est question que de délais, de trouver des idées
tirant un trait sur la vie et sur la liberté

pour ses objectifs elle a tout sacrifié,
la névrose et la solitude l'ont alors enlacée,
elle a donné au démon de la passion carnivore
sa sensibilité que le monstre dévore,
du lundi au dimanche, elle boit du café fort
le soir aucun amant ne pose de baisers sur son corps,
elle choisit de fusionner avec la mort volontaire
en combattant le dragon pour arriver la première.

La pendule et les aiguilles des années ont tourné
dix printemps de tortures se sont écoulés,
35 ans célibataire, adulée dans son milieu
un désespoir sans fond marque ses jolis yeux,
sa sphère professionnelle, un panier à chacals
peuplé de sangsues, de parasites et de vandales,
mensuellement parlant elle vaut 50 000 balles
mais à l'intérieur sa déchéance est totale.
Son chef d'agence la presse comme un citron
pas une journée ne s'achève sans qu'elle pète les plombs,
le vampire boit la sève de son inspiration
et lui donne en retour colère et dépression.
Dès qu'elle quitte son boulot, qu'elle se voit dans la glace
elle s'effondre à genoux, le nez dans les godasses
elle a réussi ce qu'elle a entrepris
oubliant que l'amour est essentiel à la vie,
aujourd'hui au sommet, baignant dans la folie
un grand trou noir profane son cœur endolori,
Essayant l'analyse, la psychothérapie
elle se bourre de cachetons pour s'endormir la nuit.
Un soir épuisée, seule et à court d'idées

sans le secours d'un ami pour la réconforter,
elle s'enferme chez elle et gobe 10 Nembutals
pour mettre un point final à ses angoisses viscérales.
Sa mère passant la voir à son appartement
la découvre à l'état de cadavre puant,
en phase de décomposition avancée
morte en regardant passer les spots à la télé.
A l'agence un jeune loup vient de prendre sa place,
depuis le temps qu'il voulait rétamer cette pétasse
le diable a fait le travail, bon voyage connasse
un requin en costard va palper la caillasse.

A la Courneuve, Mamadou et son frangin Dialo
gravissant les échelons font du bizness en gros
et Djamila la gamine qui déclame en argot
est désormais prostituée, toxico et séro.
Mais les cœurs de crevards n'ont jamais oublié
celle qui les emmenait le samedi au ciné,
lors de ses funérailles les enfants de la haine
défilèrent plus nombreux qu'à celles de Paul Verlaine,
des larmes vraies coulaient, même les pit-bulls pleuraient,
tous les dealers d'héro, les voyous du quartier
submergèrent de fleurs le cercueil de leur dulcinée.
La poésie des morts-vivants sublime à en crever
embaumait de silence les rues d'Aubervilliers,
sur un ciel clair planait l'ombre de Jean Genet.

J'ai laissé se former ma larme d'acétone
et le fleuve de ma peine immergeant Babylone,
le fond d'une poubelle vit naître avec respect
l'amour transmis par les parias que le système condamnait.

nada

L'ÉLÉVATION VERS L'ABÎME

Avec ou sans le bonheur le ciel est gris, la vie futile, plus futile encore avec le bonheur que sans, rien ne peut plus être comme avant, rien ne sera plus comme avant ou rien ne l'a jamais été, le malheur, s'il n'existait pas, Pierre, il nous faudrait pallier l'égoïsme des gens heureux en l'inventant séance tenante.

Il n'y a pas mieux qu'un bon enterrement pour réconcilier une famille déchirée par ses conflits internes, je ne parle pas là de ces clans hypocrites pleurant la disparition d'un patriarche octogénaire en songeant à leur part de l'héritage, Pierre, je vous parle plutôt de ce jeune couple qui vient de perdre le nourrisson qu'il chérissait, alors qu'il parlait une semaine avant de se séparer définitivement, enfin qu'il parlait, oui, qu'il parlait, jusqu'à ce que les coups succédant aux injures ne remplacent les mots trop consensuels pour qu'une dispute aussi violente ne s'exprime à travers eux.

Le bébé a péri durant son sommeil, Pierre, d'une façon atrocement banale, il dormait sur le ventre, la bouche fermée, le contenu de son biberon qu'il a vomi est remonté dans ses sinus qu'il a bouchés, il ne pouvait plus respirer, langé dans un silence monacal, il s'est, communiant avec l'outre-tombe, solennellement étouffé dans son berceau.

Les parents qui avaient bestialement fait l'amour après s'être rabibochés ronflaient comme des animaux domestiques sur leur litière attitrée, c'est la mère qui l'a trouvé à sept heures du matin, tout bleu, ses petites mains crispées sur la taie d'oreiller qu'elles serraient comme pour se raccrocher au royaume des vivants.

Le mari surpris par les hurlements suraigus de sa femme s'est profondément coupé en se rasant, il portait un pansement masquant une entaille de deux centimètres de long le jour des funérailles du bambin, sa compagne, elle, portait un tailleur noir de coupe classique et un béret tout droit sorti des années folles, elle avait pris des calmants pour éviter l'hystérie, son conjoint la tenant par les épaules lui murmurait du réconfort aux oreilles, il n'était plus question qu'ils se séparent, Pierre, le malheur les avait plus solidement unis que toutes les joies de l'insouciance.

A force de nous écraser, le malheur que nous endurons finit toujours par nous transporter, j'ai lu votre biographie, Pierre, je vous adulais déjà en me nourrissant de votre œuvre et de vos pensées, mais le récit de cette vie que vous avez vécue à la manière de ces romans que vous écriviez, le récit de cette vie objectivement relatée par ceux qui vous aimèrent n'a fait que nous rapprocher l'un de l'autre, nos liens déjà étroits n'ont fait que se resserrer.

Sous ma peau, mes muscles façonnés par des années de discipline sportive se mettent au diapason de mon cœur battant la passion quand je vous invoque, vos colères égotistes et vos élans d'une générosité imprévisible m'habitent mentalement, physiquement et spirituellement, Pierre.

Un pied dans la souffrance, l'autre dans le cynisme, ma vie consiste à porter le deuil de l'héroïne que je ne consomme plus qu'en rêve, ma gratitude la plus sincère est de marcher à vos côtés sur la route qui mène à l'absolu, Pierre, vous m'y transmettez les valeurs qui manquent à ceux des générations présentes, la mienne, celle d'après, celle des autres après.

Tout est débâcle, Pierre, là où vous encensiez la beauté des abysses, nous plébiscitons les artifices du sommet, là où vous subissiez et assumiez les tourments de l'urgence, nous formatons et gérons nos plans de carrière, nous exhalons les miasmes de nos apogées, les affres de nos déchéances, le peuple d'Occident décline et le monde avec lui, l'opulence a fait de nous les serviteurs qu'elle a nantis de l'insatiable, seul l'Islam intégriste se dresse face à la mondialisation capitaliste, mais qui voudrait s'adonner à ces dogmes inquisiteurs condamnant l'homosexuel à mort et la femme à l'esclavage, qui parmi nous voudrait opter pour un remède pire que les pires de nos maux ?

L'irrémédiable est loin derrière, l'irréversible est à venir, chacun de vos romans est une brèche ouverte dans l'inertie de mon quotidien routinier, une faille dans la muraille de ma médiocre condition de citadin lambda, un antidote à l'austérité de mon confort petit-bourgeois, je suis au-delà de ma négation, Pierre, au-dessous du plus profond de mon moins, je suis là où nous nous sommes rencontrés, je suis là où vous m'élevez vers l'abîme.

nada

HAÏKUS

dans son tube en verre
la métamorphose
d'une pépite de crack
fumée.

bimbo déjantée
avec de la coke
plein son nez piercé
potiche.

vie dilapidée
visage fatigué
lunettes noires la nuit
zombie.

élégance frivole
débauche, rock'n'roll
et chagrins d'alcool
dandy.

un quinquagénaire
trois adolescentes
une partouze mythique
viagra.

drivée par un ange
elle roule vers l'enfer
à tombeau ouvert
harley.

bonne année cokée
meilleurs vœux poudrés
l'occident s'amuse
déclin.

son œil à l'œilleton
épie les ébats
des mauvais garçons
maton.

115 de poitrine
le corps d'une pin-up
le sexe d'un homme
sylvia.

des chambres sordides
aux lits accueillant
les amants d'une passe
hôtel.

docteur en blouse noire
soignant ses malades
en les mortifiant
dealer.

moins de 18 ans
20 euros la passe
30 clients par nuit
bétail.

JE ME SOUVIENS

A Daniel Darc.

Je me souviens, je me rappelle
de ce concert
dans cette boîte parisienne,
de son estrade
où tu tranchas tes veines
et de ton sang
qui coulait sur la scène
comme une rivière
coulant d'une âme en peine.

Une vie passée
à chercher un garçon,
une femme fatale
en guise de trahison.

Une vie gâchée
à n'attendre que toi,
tremblant de froid
dans un jardin chinois.

Une vie tracée
sur les murs maculés,
d'un cabaret
pour crooners déglingués.

Une vie hantée
par les yeux des amants,
que tes chagrins
rendaient incontinents.

Une vie gantée
d'un double féminin,
que Viviane Vog
scarifiait de ta main.

Une vie dédiée
au néant littéraire,
avec Céline
et Drieu comme repères.

She's so untouchable
en hommage à Johnny,
une ode à Nijinski
sombrant dans la folie
suivie d'une décennie
d'exil et de repli.

Un silence éloquent
les errances d'un absent,
puis crève-cœur, la lumière,
le chant testamentaire,
les dernières volontés
d'un nommé Daniel D.,
revenu de l'oubli
pour mourir de succès.

abd el haq

ENTRE LES MURS

Entre les murs de la cité jaune qui sent la pisse, on s'épuise affrontant du regard l'inscription « jeux de ballon interdits ».
Nous sommes libres de la braver en pleine face.
Les buts, les filets, les fautes, tout est imaginaire. Pas de place pour un arbitre. Les sifflets seulement pour passer la balle en mousse qui flotte sur le béton des dalles.
Nous parlons français sans nous poser de questions, l'intégration n'a pas de sens la sueur inondant nos fronts.

Entre les murs de la cité jaune qui sent la pisse, de plain-pied dans la réalité des fins de mois qui grimacent. Avec le sourire, nous sommes fiers d'avoir des baskets à deux traits. Conscients d'épargner le portefeuille de nos parents avec ces sous-marques de notre quotidien.

Entre les murs de la cité jaune qui sent la pisse, le jardin pour enfants jouxte le local à poubelles, l'autoroute est le seul paysage. Les gamins pour des broutilles s'attrapent à coups de tête dans les coins d'une mémoire courte : échange franches accolades contre fraîches cicatrices.

Entre les murs de la cité jaune qui sent la pisse, les pères parient les jours de congé : PMU, dames, rami. Les mères croient toutes au mauvais sort, gardent un œil sur les sœurs. Planquent les économies tout au fond de leurs soutiens-gorge « bonnets XXL » sans quitter leurs cuisines ouvertes aux voisines invitées permanentes. Commères VIP qui lâchent leurs cancans sous une pluie d'« inch' Allah ».

Entre les murs de la cité jaune qui sent la pisse, les premiers baisers c'est parking niveau – 1. Dans l'obscurité pas le temps d'être romantique, les gamins embrassent comme ils crachent les yeux rivés au sol.

Entre les murs de la cité jaune qui sent la pisse, le temps d'une promenade sur les toits, tu saisis rapidement pourquoi la pyramide des âges a les côtes cassées. Entre 20 et 30 ans, ils se piquent en rang les dents serrées.
Toi, tu ouvres les yeux et la boucles.
Si les jours se ressemblent ces choses ne se répètent pas.

Entre les murs de la cité jaune qui sent la pisse.

abd el haq

ON A COMMENCÉ À COURIR

On a commencé à courir,

Je sais pas pourquoi.

On a commencé à courir.

Les forces de l'ordre à nos trousses,

De quel ordre parlent-ils ?

Si leur cohérence se résume à ces putains de tours et les points fixes
sur lesquels on tourne en rond : bureau de poste, tabac, mairie, supermarché,
maison des jeunes hors week-ends et jours fériés.

« Racailles » plutôt prodiges de l'inaction notre phrase préférée : « Rien à faire »
On a commencé à courir « rien à faire d'autre »
Ces murs, autant de mètres carrés d'ennui
Où les petits jeux, la mythomanie,
les « coups de vice » meublent un temps trop long.

On a commencé à courir,

Je ne comprendrai jamais leurs expressions « banlieues chaudes »,
« quartiers sensibles ».
Même si nous ne sommes pas des enfants de chœur,
Qu'ils se rapprochent de nos corps pour en saisir la chaleur.
Qu'ils écoutent nos rires pour y lire cette sensibilité.

On a commencé à courir,

De toutes nos forces qu'ils ne perçoivent pas.
J'ai vu leurs images en boucle.
Entendu leurs commentaires sans interruption :
« incivils », « violents », « sauvageons ».
Leur présomption d'innocence ne vaut rien pour nos adolescents
qui avant d'avoir démarré sont perdants.

On a commencé à courir avec mon ami
Sans trop savoir pourquoi, les forces de l'ordre à nos trousses.
On a couru en direction du transformateur.
Alors qu'on voulait juste que notre vie, cette ville changent.

On a commencé à courir.

abd el haq

CASASERPENTS

Ils nous appellent les serpents. Quatre, cinq à l'arrière, deux, trois devant.
Ils nous appellent les serpents.

Tu lâches ta pièce, je te dépose ou plutôt t'expulse si tu es sur mon chemin. Sinon, sans un mot je dégage. Casablanca, la politesse est superflue.
J'appuie, contourne, dépasse en tous sens, dévie, joue du klaxon dans ce big band sans harmonie.

Garde les yeux droit devant. Il y a longtemps que je ne parle plus aux formes assises à mes côtés, ces corps à balancer. Un minuscule livre saint suspendu au rétroviseur intérieur pour que le divin scrute sa création :
les trottoirs défoncés, les crevasses de la chaussée, les lignes blanches désormais invisibles voies pénétrables à qui saura arriver le premier.

Ils nous appellent les serpents. Quatre, cinq à l'arrière, deux, trois devant.
Ils nous appellent les serpents.

J'engage tous les jours ma Mercedes blanche,
grand taxi dans ce jeu de massacre. Pour accroître mes chances d'accrocher le client, j'évite l'impact en roulant courbe.

Repère de loin, les bras qui se dressent à travers la fumée des gaz d'échappement, cris des colporteurs, plaintes des mendiants. Cigarettes, chewing-gum, figues, sacs plastique, mains tendues au détail. Pour une pièce de dix par unité, je traverse le champ d'asphalte où je risque à tout moment un tête-à-queue sur le bas-côté.

J'ai des concurrentes : les petites Fiat rouges. Prostituées qui roulent au compteur. Bien souvent, je frôle volontairement leur carrosserie en pensant qu'elles gagnent en deux ce que je me fais en huit heures.

Ils nous appellent les serpents.
Quatre, cinq à l'arrière. Deux, trois devant. Ils nous appellent les serpents.

Bricoleur-né, sous le capot le moteur d'un car de transport.
Au démarrage, l'atmosphère se charge d'une fumée noire, les passants ça les rend sourds, les clients suent en silence.
Je mets la radio à fond. Classique, raï, chaâbi n'importe quoi mais à fond.
Personne ne crie au scandale dans ce vacarme permanent.

Ici, les travaux commencent et ne s'achèvent pas, les feux disparaissent, le nom des avenues change.
Pays émergeant, sous-développement ? Je laisse ça aux autres, jusqu'à nouvel ordre mon ventre ne se nourrit pas de commentaires.

Une seule méthode, ne rien prévoir laisse venir.
C'est comme après un accident, le constat se règle à coups d'insultes et de claques et l'on se serre dans les bras quand les flics débarquent.
L'air de rien, versatile je me faufile, le provisoire comme fondation.

Eux, ils nous appellent les serpents.
Quatre, cinq à l'arrière. Deux, trois devant. Ils nous appellent les serpents.

abd el haq

IL N'Y A PLUS RIEN À DIRE

Il n'y a plus rien à dire.
Trouver des martyrs à défendre, victimes construites.
Quand il n'y a plus d'idées à recycler, attendre que le fait divers devienne événement.

Kermesse des « marchands de peur ».
En prime time, tabous institués.
Face aux images sacrées.
Ne plus prendre la liberté d'expression au pied de la lettre.
Mobilisation générale.
Censeurs pour nous sauver.
Mots interdits, étiquetés pyromanes pour cette société.

Chercher « le » coupable.
Pointer du doigt.
Identifier « un » responsable pour une purification collective.
Relancer la dévotion démocratique pour tous.
Ressusciter la potion magique d'une cohésion.

L'unité morte, ils s'activent.
Discours de l'ouverture, pratique de l'enfermement.
Ostracisme médiatique.
C'est la farandole des drapeaux, chacun le sien.
La loi pour la chose publique en apparence vient colmater les brèches

Des piliers qui se fissurent, tremblent dans les faits.

Bataillons armés pour forteresse perdue.
Quand elle nie le dialogue.
Communication univoque, semblant de débat contradictoire.
Il n'y a qu'un arbitre, juge et partie.
D'un jeu pathétique pour une survie.

Quand il oublie la règle : l'autre ne sera jamais le même.

normal

TECHNIQUES DE DRAGUE

la séduction des garçons est un art militaire
comment viser une cible en ayant l'air de ne rien cibler

la séduction des garçons est une stratégie marketing
1) déterminer les besoins des consommatrices
a) les jeunes filles ne savent pas ce qu'elles cherchent
b) les femmes plus mûres savent ce qu'elles ne veulent plus
2) adapter l'offre aux besoins détectés
A) élaborer une image d'authenticité
a) communiquer explicitement sur le thème "je ne triche pas"
b) communiquer implicitement sur le thème "je te devine"
B/C/D, etc.) permettez que je ne vous présente pas ces points
un opérateur crédible ne dévoile pas ses secrets
de fabrication à la concurrence

la séduction des garçons est une méthode publicitaire
comment dire la même chose à toutes en ayant l'air de ne parler qu'à une seule

la séduction des garçons est une pratique de survie
1) les femmes aiment les hommes fragiles quand ils ne le sont pas avec elles
2) les femmes aiment les hommes forts quand ils ne le disent pas devant elles

la séduction des garçons est une discipline militaire
si tu arrêtes de séduire, tu es un homme mort

principe :
    un diagnostic sur le réel n'est valable que dans la mesure où il est accompagné d'un diagnostic sur le futur

application :
1) les hommes du public qui manifesteront leur désapprobation devant ce mode d'emploi draguent au moins une femme dans cette salle
2) les femmes du public qui manifesteront leur approbation
    a) ne cherchent pas à être rassurées par un homme qui assure ou ne font pas croire qu'elles croient en l'homme qui assure
    b) assument le risque d'une vraie rencontre

la séduction des garçons est un art militaire
    comment viser une cible en ayant l'air de ne rien cibler

la séduction des garçons est une stratégie marketing
1) déterminer les besoins des consommatrices
    (...)
2) adapter l'offre aux besoins détectés

la séduction des garçons est une méthode publicitaire
    comment dire la même chose à toutes en ayant l'air de ne parler qu'à une seule

la séduction des garçons est une méthode pratique de survie
1) les femmes aiment les hommes fragiles quand ils ne le sont pas avec elles
2) les femmes aiment les hommes forts quand ils ne le disent pas devant elles

la séduction des garçons est une discipline militaire
    si tu arrêtes de séduire, tu es un homme mort

normal

LE TITRE N'A RIEN À VOIR AVEC LE TEXTE

caporal normal, l'heure est grave
les mots tombent comme des bombes
dans les guides d'achat et les modes d'emploi
votre mission consistera à :
1) vous infiltrer à travers les lignes de texte ennemies
2) pénétrer dans l'hôpital de campagne du dictionnaire
3) reconnaître chacun des milliers de mots allongés dans les lits à étages
installés à chaque page
4) examiner devant chaque matelas ce que l'ennemi appelle dans sa propagande
« la définition »
il s'agit de la description des symptômes de la maladie sémantique
chaque mot a des symptômes différents
toutes les forces armées de la langue française sont affectées par cette maladie
5) endormir les civils qui vous lisent / écoutent actuellement
avec la grosse seringue poétique qui est dans votre paquetage
6) oto-rhino-laryngologiser, voire gynécologiser et même obstétriquer tout
ce qui sera à portée de tir de votre capacité à y comprendre quelque chose
pas de quartier, caporal !
cette mission est vitale pour l'avenir de la patrie linguistique
et en revenant de mission, montez-moi le courrier
rompez !

...

je charcute la carcasse des palabres
je chahute la barbaque des palabres
ces bons gros mots bedonnants et nichonnants
je m'en vais leur faire faire un p'tit parcours du combattant des familles
ça va transpirer dans le train fantôme
ça va saigner dans l'assiette
ça va chier dans la nature
ça va crapahuter dans les œuvres complètes de marcel bretelle
ça va pas se carapater chez guignol ou chez nagui
et pour ça, hein, pour ça
1) y a qu'à arnoldschwarzeneggeriser les néologismes et les tripes
2) y a qu'à woodyalleniser les budgets prévisionnels et la cellulite
3) y a qu'à dévergonder la grammaire à la missionnaire
4) y a qu'à enlever le bas des hauts de bilan
5) y a qu'à vitrioler la crème anti-rides
6) y a qu'à diabètocholestéroliser le collagène et le silicone – des mots
et avec ça, hein, avec ça
va y en avoir de la valeur ajoutée à discounter
va y en avoir des ressources humaines à exécuter
ça va en faire de la productivité pour le dynamitage
ça va en faire du zéro stock / zéro défaut pour le sabotage – des mots
et comment ça va se finir tout ça, hein ?
ça va expulser la comptabilité analytique et la syntaxe
ça va éructer la statistique lexicale et le nasdaq
je m'en vais foutre à la poubelle les calculs du bedon et le calcium du nichon
je m'en vais pas trier les déchets
je m'en vais tout foutre en tas dans les guides d'achat et les modes d'emploi
et après, hein, y a pas
1) faut décongeler les mots grippés et qui ont la fièvre
2) faut bourrer de sirop les mots trop timides et qui toussent

3) faut éponger à la couche-culotte les mots trop discrets et qui s'oublient
4) faut asperger de désherbant les mots trop confus et qui s'emmêlent
5) faut encastrer dans une cadillac décapotable les mots trop bonnards et qui décoiffent
6) faut balancer une tondeuse aspirante sur les mots bien peignés à la mode

et enfin, hein, y a pas
je chargerai à la baïonnette
cette bonne grosse boîte crânienne
tirée par toute cette carcasse
poussée par toute cette barbaque

mais j'vais vous dire
dans cette bonne grosse boîte crânienne
dans cet hôpital de mots malades
les microbes tue-mouche
les bactéries attrape-blatte
c'est vous
c'est vous
espèces de sporozoaires
bande de microcoques
demi-portions de trichophytons
parfaitement, trichophytons !
vous êtes votre propre virus attrape-couillon

...

pour arrêter de parler avec les mots de votre ennemi intérieur
votre mission-suicide consistera à :
7) vous allonger sur la table d'opération
8) vous accoucher vous-même, tas de crevards

et puisqu'il faut hablar en prose pour que vous understandiez quelque chose
prenez pour de l'argent comptant le premier degré de ce texte
en attendant
je donne cette bouillie de mots aux bébés-poèmes qui ronflent sous vos amygdales

maternité de dien bien phu, mardi 9 décembre 2017

normal

TENTATIVE DE DÉCONSTRUCTION DE LA PROPAGANDE

tu n'es pas belle
tu n'as même pas de charme
sortir de chez toi et ne jamais être regardée est un parcours du combattant
ne jamais être regardée et continuer à sourire est un trip d'attachée commerciale
c'est uniquement quand tu parles qu'ils te remarquent
tu as cru longtemps en les hommes
tu as longtemps pensé que tu les séduirais avec ton cerveau
tu avais 17 ans
tu disais
« on se lasse d'un corps, il est toujours pareil
on ne se lasse pas d'un esprit, il est toujours différent
quant au cœur, il bat de la même manière pour tous malgré les apparences »
mais les hommes se reposent de la violence du monde avec leur copine
comme un chien fidèle ils veulent qu'elle se tienne tranquille
quand on cogite en revenant du boulot on fatigue
quand on pense en baisant on n'est pas un bon coup
la profondeur de la réflexion est une mine sous-marine
quand la beauté superficielle est un conformisme social
pendant des années tu as tenu la grenade de ton esprit dégoupillée
tu as renoncé à ce qu'elle éclate
elle ne rencontre que le vide
elle a pourtant fini par t'assourdir

maintenant tu ne parles même plus à toi-même
la beauté est la seule dictature où il n'y a personne pour défendre les opprimés
les relations d'amour sont comme le libéralisme
c'est la loi de l'offre et de la demande
les bombes sont harcelées par les blablas draguement corrects des mecs
qui se terminent invariablement par « moi aussi c'est pareil
alors je prends ton tel »
apprécier la beauté intérieure des canons c'est plus facile
jusque dans la solitude des partouzes on ne baise pas avec les boudins
tu souris
tu me regardes
tu aimerais tellement que je t'embrasse
hélas je suis comme les autres
je veux qu'on m'aime pour ce que je dis
pas pour ce que je fais
et toi tu es comme les autres femmes
tu ne ramasses pas à la fin du marché les hommes invendus
les trop flippés les trop déjantés les trop timides les trop pauvres
pour autant il vaut mieux être un homme laid qu'un boudin
les mecs moches qui parlent bien avec une grenade ou même
un pistolet à eau finissent par fourrer leur obus dans le cul
d'un canon

yo

UN DERNIER POUR LA ROUTE

J'entre chez eux, comme je sors de chez vous, avec plaisir.
Bâtissant sur le terreau fragile de vos soi-disant diagnostics des châteaux.
Ce matin, à six heures, le réveil agite d'ondes la nuit posée comme une voile.
Mais nul corps ne bouge.
Aujourd'hui, pas un médecin ne se lèvera.
Tous gisent, la gorge tranchée,
au milieu d'une mare où s'accumulent déjà les œufs d'espèces régressives.
La violence des règlements reste néanmoins sans égale
avec celles décidées des carcéralités ordonnées par la junte hospitalière.
Tels des ruches aux reines sacrifiées, les malades nidifient dans les carcasses
ouvertes des soignants de nouveaux traitements.
Nul besoin, nul désir, nulle envie ne jalouse ces enveloppes libérées
des doctrines des codes de la moralité.
J'irai où je veux car je ne désire rien.
Je ferai ce qui me plaît car nulle haine en moi.
Je suis libre, loin des enclaves fabriquées par plusieurs millénaires de meurtres
et de sociologie.
Je hanterai les mouvements primaires comme une termitière
réagit à son évidence générale.
Je croirai en Dieu parce que le mot croire aura perdu toute signification.
Tous semblent réagir à une sorte de signal commun,
et pourtant, au cas par cas, aucune cohérence ne s'avère décelable.

La douleur du muscle ordonné commence à s'estomper
derrière les couches graciles de l'autodidaction.
Il suffit d'une brise légère pour polliniser tous les affranchis.
Il suffit d'une bruine opaque pour que les corps pleurent.
Une sorte d'ordre secret veille aux transports des pistils.
Plus de copulations viandardes, mais un lent,
méthodique et hasardeux voyage des unes vers les autres.
Et déjà,
les murs se fissurent, les courants se court-circuitent eux-mêmes ;
les chimios s'exhortent hors de leurs propres dépendances.
C'est toute l'histoire de la psychiatrie qui rencontre enfin le mur
qu'elle a patiemment, méticuleusement et abominablement érigé.
Les assemblages de planches où la médecine crucifie hurlent,
semblent prendre racine, s'élever vers un ciel miné où la rencontre des foudres
n'a d'égale que la violence des électrochocs infligés aux incarcérés.
C'est toute la nature qui se soulève et réclame un dû que notre propre merde
a fini par amonceler, lui donnant la forme d'un entassement de corps pourris.
C'est l'humus qui ne se fera jamais charbon, préférant se jeter dans le vide.
Ces poignées de tourbe où germent nos anciens gorgent maintenant nos bouches,
ouvertes sur un néant en forme d'arrêt des battements.
Je les vois.
Je suis avec eux.
Je participe à l'ensevelissement emplissant vos dépouilles éclatées
de cette garniture grasse et sombre.
Sur les restes de vos abdications poussera le règne futur
de nos néologies sacrilèges.
Pour chaque docteur assassiné, dix patients naîtront,
recouvrant les sols d'un manteau de folie.
Et que s'étouffent vos pères psychanalytiques,
vieilles descendances fascistes des orgies romaines.

Lignée absoute des tares où l'explication constructiviste
s'inventait seule règle au monde.
Oh, que l'on m'amène ici, tout de suite, immédiatement,
maintenant un psychiatre,
et que l'on commence ensemble le cours de vivisection.

yo

JE N'AI AUCUNE AMBITION ET DE TOUTE FAÇON JE TROUVE CELA VULGAIRE

J'étais dans le rayon de la nourriture pour chats quand ça m'a pris.
Des convulsions qui remontaient du fond de l'utérus
et qui cognaient comme pour faire craqueler celle que j'étais avant.
La petite s'agitait, comme pour mieux s'échapper ; elle voulait s'enfuir ;
alors moi aussi je me suis mise à fuir. De toutes parts.
A ce moment précis,
je me rappelle nettement m'être juré de ne plus jamais faire de mal à personne.
J'ai couru jusqu'aux chiottes de ce centre commercial de banlieue
où la lumière des néons vous colle la rétine et ce qu'il vous reste d'espoir.
J'ai tourné le loquet et une page importante de ma vie
où était inscrit en très gros : « Attention, tu fais encore une connerie ! »
Il ne me passait plus rien du tout par la tête.
La plupart des connards s'imaginent toujours
que dans les instants les plus critiques de votre existence,
vous revoyez cette dernière défiler en un quart de dixième de seconde.
En fait, il ne se passe rien de tout ça.
Je vais vous le dire, moi, ce qu'il se passe exactement à ce moment-là.
Rien. Nada. Ouallou. Il ne se passe rien.
On est vidée, comme en apesanteur. On se love tout entière dans la douleur
et celle-ci vous laisse égarée au centre des vacarmes et des mauvaises marées.
Savez-vous précisément pourquoi un enfant pleure lorsqu'il vient au monde ?

Parce que, en réalité, c'est le monde qui vient à lui.
Après avoir gloutonné à satiété ses ancêtres au travers des poches,
après avoir baigné neuf mois dans l'amniotique aux relents endorphiniques.
Après avoir envisagé demain comme un éternel maintenant,
La conscience collective lui tombe sur le dos et l'expulse manu militari.
L'enfant pleure parce que l'oxygène le noie.
L'enfant pleure parce que l'oxygène lui fait éclater les poumons.
L'enfant hurle parce que l'oxygène le désagrège et l'enflamme.
« Voilà, la fête est finie petit têtard,
tu pleures avant même de voir, tu sors la tête au milieu d'un incendie. »
Moi, vous comprenez, j'ai voulu éviter ça ; alors j'ai poussé aussi fort que j'ai pu.
Et le gamin, il est passé directement d'un liquide à un autre,
celui de la cuvette des chiottes, histoire de ne pas être trop dépaysé.
Du style et on enfonce un peu plus loin le clou dans le registre des naissances
et de l'ignominie.
Putain, j'me suis dit, après avoir penché la tête au-dessus de mon œuvre,
putain, j'avais ce truc qui grandissait en moi.
Cette chose était à l'intérieur de moi.
Et j'ai gerbé dessus.
Et là, après avoir repris ma respiration et constaté que dans le mètre carré
où j'étais coincée tout n'était que glaire, sang, placenta, emmerdements
et tutti quanti, ben, j'me suis relevée et j'me suis barrée.
Sans me retourner.

yo

LA VIE C'EST DE LA VIANDE QUI DANSE, ALORS DANSE AVEC MOI

L'obligation d'introduire un personnage justifie l'emploi de la violence,
de la force, du feu et de lames bien aiguisées.
Mais l'épiderme est bien plus solide que l'on ne le croit.
J'ai perforé avec une mèche de la taille d'un percuteur la tempe gauche
de la jolie Suédoise, que quelques heures auparavant j'avais levée sans difficulté
dans un bar anonyme de cette rue sans adresse, dans ce pays sans nom.
Et là, ben j'attends.
J'attends que quelque chose coule.
J'attends qu'elle se vide de ce qu'elle sait.
J'attends qu'elle s'explique, mais rien ne vient.
Rien ne coule, si ce n'est peut-être le cargo parti sans nous,
et, qu'éloignement visuel oblige, il m'est difficile de savoir s'il se disloque
ou s'engouffre simplement derrière la ligne d'horizon.
Je me sers de mes nerfs pour décocher des flèches que les vents, invariablement,
entraînent ailleurs qu'au cœur des cibles.
Quand il n'y a plus de cibles.
Quand la cible s'est démultipliée à l'infini.
Quand TOUT EST DEVENU CIBLE et qu'il suffit de shooter au hasard
POUR FAIRE UN VÉRITABLE CARTON.
J'en étais à peu près là, à recoller les morceaux et à attendre la montée des eaux,
mais bordel de merde, rien ne venait.
J'ai ouvert les volets et je me suis mis à réfléchir un peu.

Réfléchir, ça veut dire littéralement renvoyer la lumière d'où qu'elle vienne.
Et, là, je me suis convaincu qu'il fallait peut-être laisser reposer un peu tout ça.
Qu'il fallait laisser vieillir le vin.
Laisser au temps ce que nous ne lui donnions plus.
J'ai rebouché la bouteille (je crois me souvenir que la fille s'appelait Margaux)
et suis redescendu à la cave.
Bien loin de tout ce qui contient une explication globale
et définitive sur l'état de délabrement du monde actuel.
(Il va de soi que, sur le moment, je ne me suis absolument pas rendu compte
de l'attitude passéiste et rétrograde de ce genre de comportement, et que si,
en accomplissant ce que je ne savais pas être un rituel, je m'en étais aperçu
ne serait-ce qu'un instant, je n'aurais jamais agi de la sorte).
Après avoir ouvert la porte du réfrigérateur – je suis sensible au genre de lumière
qui en émane –, je baisse mon pantalon, une érection déjà solide me tourmente
et j'entreprends de pénétrer très doucement l'orifice pratiqué par mes soins
dans la tête de la jeune blonde.
J'attaque le cerveau gauche, celui des charges vives et émotionnelles.
Quand on en est là, autant bouffer le caviar à la cuillère.
J'effectue quelques allers-retours prometteurs au plus profond de la gamine.
Et soudainement, sans que je m'y attende, je suis parcouru par une source
d'informations improbables, une source d'informations internes,
une source d'informations, qui paradoxalement à ce qu'est une information,
appartient à l'instant présent.
Et là, ça commence.
Ça commence à saigner.
Pas abondamment, non, juste un peu.
Du sang bien épais, bien noir, semblable à la fois aux premiers jours de règles
d'une adolescente et à une encre artisanale des côtes du nord du Japon.
Avec des méthodes aussi efficaces, je me suis dit que nous étions proches d'une
amélioration de l'espèce comme nous n'en avions pas connue depuis longtemps.

Pas un de ces meurtres merdiques *Newsweek* dupliqués et sans autres valeurs
que celles des retraités Américains, pas un de ces nombreux découpages voués
à être vendus en kit pour le plaisir des enfants, mais au contraire,
un genre de truc important, un branchement direct, une remontée généalogique.
Le dernier épisode de ces séries qui nous laisse le cœur en lambeaux
quand nous tout ce qu'on veut, c'est juste être un peu rassurés.
De toute façon, personne ne la chercherait.
Personne ne cherchait plus les disparues.
D'ailleurs, depuis déjà un bon moment, tout le monde avait disparu.
Dorénavant, le concept-crasse de sédentarisation ne concernerait plus que
les couches les plus incultes, les plus pauvres, les plus débiles de cette humanité.
Plus personne n'était plus jamais au même endroit.
Copulant avec la tête de cette Nord-Occidentale,
j'étais de fait délocalisé en un tas de villes différentes.
On se souviendrait m'avoir aperçu à Essaouira, dans la banlieue nord de Paris,
mais aussi en Guyane, à Montevideo,
ou à l'extrême est d'une Corée du Nord agonisante.
L'attirail complet du gars qui a besoin du maximum de gadgets pour s'en sortir,
une sorte de retour au héros d'arrière-garde. Celui qui coups, balles,
coups tordus ou explosions affiche invariablement le sourire du type
qui sait pertinemment qu'il y aura une suite,
un volume deux, même fille, même lit, même bagnole, et surtout mêmes fringues.
Parmi les nombreux superpouvoirs magnifiques que la mort d'êtres chers nous
procure, il en est un plus puissant, plus enivrant, que les autres, plus implacable :
c'est celui du retour à la sélection naturelle.
C'est celui du politicien de droite qui arrive au pouvoir.
C'est celui de Richard III.
C'est celui de se savoir épargné.

Sur le ring
Deux masses.
Deux colonnes de chair dont pas une n'arrive à entamer l'autre.
Et le public qui hurle, qui jette des cris comme on fait pleuvoir le riz
sur les jeunes mariés.
Ces deux-là sont soudés.
Comme si leur énergie venait de cette impossibilité à se détacher.
Tout le monde attend.
Tout le monde attend le moment fatal, celui de la coupure d'électricité,
celui où les plombs sautent en direct, celui où les téléviseurs relâchent
leurs détenus après implosion, celui où la pénombre redonne les mêmes droits
à tout le monde, celui où la fille te tourne le dos.
Au moment précis où l'un s'extirpe enfin de l'autre, où le crochet du boxeur
au short jaune poussin ferre le côté droit du boxeur au short mauve couleur
mauvaise mort ; à ce moment d'éternité suspendu, à cet arrêt brutal
de toutes choses, et que si on remonte plus loin,
ben de toute manière c'est toujours les mêmes conneries.
Donc, à cette seconde fatidique, je lance sur le ring la poignée de doigts,
dont deux bagués,
que j'ai consciencieusement découpé sur la fille à la tête trouée.
Le coup vient au départ du gars, mais pas tout à fait complètement.
Pour une bonne part, le coup vient aussi de la voracité de la foule.
Le coup vient de la rencontre aléatoire entre l'unité et ses sujets.
Un putain de moment épileptique.
Un moment où tout est permis.
Un moment total, de relâchement général, où tout le monde vient à l'unisson.
Un coït ininterrompu.
Les mystiques et les anciens drogués appellent cela l'illumination,
se désengageant, habitude de lâches oblige, des responsabilités qui sont les leurs.
Qu'ils crèvent ces connards.

Qu'ils crèvent comme leurs parents, leurs arrière-grands-parents,
leurs arrière-arrière-grands-parents et ainsi de suite.
Alors le crochet du sacrifié s'envole, les doigts tombent en confettis
et le tout s'offre une superbe déclaration d'amour.
L'air se zèbre d'un rouge carmin, et, d'un seul coup d'un seul, tout va mieux.
Le monde ne paraît plus aux yeux de chacun comme un organisme aléatoire
et plutôt bordélique, mais au contraire, il s'affiche clairement à l'image
d'une bibliothèque où chaque livre serait enfin à sa place.

paul cash

LE BORRACHO

Putain où est-ce que j'suis ?
c'est quoi cette piaule, c'est quoi ce lit, c'est qui cette meuf ?
elle dort à oilpé, j'suis tout habillé on n'a pas couché on a dû s'écrouler.
mais d'abord qu'est-ce que j'fous là ? elles sont où mes grolles ?
Faut qu'j'm'arrache d'ici
j'sais pas où j'suis, j'sais pas chez qui.
Et pi dans le salon y a un mec qui ronfle dans un canapé,
mais c'est qui ce
mec ?
Et tous ces cadavres de bouteilles sur la table… qu'est-ce qu'on a bu ?
Et à fumer y reste plus rien, pi la cuisine y a un d'ces bordels
il faut que je me casse
il est où mon blouson ?
ouf, il est là
Mais quelle heure il est ? il doit être tôt.
y a tout le monde qui dort, y en a un sul tapis,
j'lavais pas vu, chépa qui c'est
j'ai failli marcher dessus
J'ai un mal de crâne, qu'est-ce que j'ai bu ?
je regarde sur la table, j'examine les cadavres…
ah c'est normal y avait du sky !!
J'prend mon blouson je vais dehors putain ça caille,
mais j'suis où c'est quoi ce bled ?
Un bled de merde, j'reconnais rien mais putain elle est où ma bagnole ?

j'suis venu comment ? pas en bagnole sinon elle est où ma bagnole ?
Mais d'abord où est-ce que j'suis, putain ça craint
il faut que je me rappelle où j'étais hier, comment j'suis arrivé là
et pourquoi j'suis là
ah ! y a un bistro d'ouvert là-bas... faut que j'demande...
ouais mais si j'dis : « bonjour on est dans quelle ville ici ? »
avec la gueule que j'ai, ça va pas le faire,
on va me prendre pour un dingue,
mais putain c'est dingue
c'était quoi cte fête de merde?
qu'est ce que j'ai foutu ? j'me rappelle de rien
où qu'c'est qu'j'étais ? avec qui ? comment j'suis arrivé là ?
et cette nana mais non j'l'ai pas sautée j'm'en serais rappelé
mais j'étais chez qui d'abord ? c'était quoi cette baraque ?
faut qu'j'me casse de ce bled de merde
putain où qu'elle est ma bagnole ?
il faut qu'je rentre, j'veux rentrer chez moi...

.. mais putain c'est où chez moi ?...

paul cash

PAS BEAU LA GUERRE

la guerre c'est horrible ! c'est pas bien la guerre !
houlala ! y a des morts c'est triste !
y a de la souffrance, y a des ruines,
y a des méchants qui assassinent nos enfants.
les jeunes dans le ghetto : c'est nul
la torture : ça fait mal
la prostitution l'esclavage : c'est pas beau
les bombes les mines antipersonnel : c'est vraiment pas bien.
ce qu'il faudrait : c'est la paix dans le monde,
c'est qu'on soit tous frères

tu peux prôner la paix dans le monde mais à quoi ça sert ?
tu peux prôner qu'on est tous frères mais à quoi ça sert ?
Voltaire ? Gandhi ?
j'me demande à quoi ils ont servi ?
y a des gens ils en veulent pas de ta paix dans le monde
tu peux le pleurer
tu peux le gueuler
tu crois qu'en le gueulant ça réveillera leurs consciences ?
mais leurs consciences sont bien réveillées.
Souvent ils ont plus de pouvoir que toi.
t'es bien naïf de vouloir faire la paix avec eux, tu les sous-estimes
tu te surestimes c'est toi l'orgueilleux.

alors si tu veux vraiment la paix alors il faut les combattre,
ou battre les cons c'est pareil.

ces gens-là il faut les combattre, il faut les virer,
il faut leur faire la guerre
il faut faire la guerre à tous les ennemis de la paix
il faut être intolérant, tolérance zéro, intolérant des intolérants
il faut être raciste, raciste de tous les racistes
il faut être tueur, tueur de tous les tueurs
il faut être méchant, il faut pas être gentil
faut pas être gentil avec les méchants
parc'que les méchants ils sont pas gentils
et si t'es gentil c'est qu't'es con
parc'que les cons ils sont pas cons
ils font chier c'est tout
alors faut les virer

et si ta vie est un chant de paix
mais le monde un champ de bataille
dans la tempête pleure pas contre les vagues
accroche-toi médusé à ton radeau
ou alors construis-toi un paquebot
et si tu t'amuses dans cette croisière
c'est qu'c'était pas forcément une galère

alors maintenant ferme-la si t'as rien à dire
ou alors va au combat si t'as des choses à faire

d' de kabal

LES QUATRE FRÈRES

C'est l'histoire de quatre potes,
Ils se connaissent depuis toujours, enfants de notre époque.
Ils sont de cultures différentes, cela ne les a jamais gênés,
Aujourd'hui c'est plus complexe, les événements ne cessent de les opposer.

Isaac, Samba, Aimé et Brahim
Observent alentour, voient que la société déprime,
Isaac, Samba, Aimé et Brahim
Semblent se noyer dans un bien mauvais film.

Ces quatre-là sont tellement, tellement proches,
Qu'ils ont exactement les mêmes diplômes en poche.
Cependant Brahim et Samba ne comprennent pas,
Ces deux-là ne travaillent pas.
Aimé, après avoir plusieurs mois erré,
A dû se contenter d'un CDI aux PTT.
Isaac est très embêté pour les siens, mais il n'a pas à se plaindre,
Au bureau, il se camoufle, ne la ramène pas, du coup il mange à sa faim.
Il se tient loin des discussions sur les aptitudes génétiques des uns et des autres,
L'Arabe est fourbe, l'Africain robuste, l'Antillais paresseux, mais ce n'est pas de leur faute,
Palabres autour de la hiérarchie des races, pendant les pauses à la cafète,
Isaac ne bronche pas, il leur exploserait bien la tête.

Les quatre frères se retrouvent souvent tard le soir,
Arrivent à se persuader que rien ne les sépare.
Mais un filet d'amertume s'écoule le long des parois de leur amitié,
Les quatre frères retournent à leur quotidien,
les différences se muent en inégalités.
Il y a eu des mots un peu durs,
La nuit où Aimé et Samba ont débattu de l'Afrique et des Antilles,
Brahim et Isaac ont tenté en vain de revenir sur les ratures,
Rien n'y a fait les Noirs entre eux sont vraiment trop sensibles.
Aimé et Samba, eux n'interviennent jamais lorsque leurs potes se piquent à vif,
Les Noirs n'ont pas leur mot à dire sur les questions
qui opposent les Arabes et les Juifs.
Tellement de conneries qui circulent entre le monde et les quatre frères,
Ils sont là, ils se chamaillent, personne pour éplucher leur vocabulaire.
Noirs, nègres, esclavage, traite, colonies,
Territoires occupés, Juifs, intifada, Arabes, colons, guerriers, terroristes.
Les bons amis aussi se disputent, c'est dans l'ordre des choses,
Les mots fonctionnent comme des petites piqûres, laissent des ecchymoses.
Les discussions règlent les conflits, remettent souvent les compteurs à zéro,
Mais à force de provocation et de passion,
parfois on déclenche l'argumentation de trop.
Trop loin, ils sont allés trop loin cette fois-là,
Brahim et Samba ont dressé une liste tellement sordide,
Ils ont dit que dans ce monde, n'avaient pas la même valeur leurs quatre vies.
Que celle de Samba ne valait rien, que juste à côté, en contrebas,
se tenait celle de Brahim.

Aimé et Isaac ont exprimé leur désaccord,
Les mots ont fusé, ont revêtu leurs habits de mort.
Au détour d'une phrase, d'un raisonnement idiot,

Une idée obscène est apparue, en provenance de leurs quatre cerveaux.
Un pari à la mise impossible, aux règles barbares,
Un jeu au déroulement morbide, même pas un jeu de hasard.
Une nuit d'un mois de décembre,
les quatre frères se donnent rendez-vous, les quatre frères tremblent,
Par une froide nuit d'un hiver sombre,
les quatre frères s'agitent et s'embourbent dans la pénombre.
Sous l'œil témoin d'une caméra DV, commence le pari, dans un parking,
A l'aide d'un jeu de clés et d'une paire de tenailles, Brahim s'automutile.
Les trois autres sont autour de lui, comprennent qu'il est trop tard,
On ne fait plus machine arrière, Brahim se perfore,
ne s'arrête plus, une vraie passoire.
Il se charcute et se vide de sa vie pendant de longues heures,
La mort l'étreint durement dans un sursaut de douleur,
Aimé éteint la caméra, lui et les siens pleurent,
Isaac éclate en sanglots,
lorsqu'ils finissent d'inscrire en lettre de sang « crève sale Beur ! ».
Ainsi s'achève l'acte I de cette tragédie tristement moderne,
Ainsi s'arrête le chemin du jeune Brahim,
et la saveur de l'existence n'est plus la même.
La famille est bouleversée, les proches crient vengeance,
Des racistes ont tué Brahim, elle est bien moche cette France,
La mère se tord de chagrin dans les bras des quatre frères,
qui ne sont plus que trois,
Elle dit qu'elle pleure pour ses fils, Isaac, Aimé et Samba.
Les jours suivants les esprits s'embrument,
les muscles se tendent et se nouent,
Brahim n'apparaît plus dans les colonnes des quotidiens,
ce fait divers n'est plus dans le coup.
Aimé a donné rendez-vous à ses frères, Dieu que cet hiver est long !

Leurs regards sont froids et opaques,
les yeux sont vides de larmes, ils en disent long.
Au milieu d'une phrase,
Isaac frappe son pote, d'un coup de batte de base-ball dans le torse,
S'ensuivent des coups de pied que Samba assène de toutes ses forces.
Aimé crache du sang, fait signe à ses frères de poursuivre leur action,
Ciseaux, tournevis, cutter et marteau sont les outils de la vilaine punition,
Le jeu malpropre se poursuit,
demain le quartier sera à nouveau secoué par le deuil,
Les coups pleuvent, les os craquent.
Le tournevis, Aimé hurle à la mort quand il se le plante dans l'œil,
Il gémit, non pas parce qu'il a mal, mais parce qu'il pense à son frère,
Celui qui est parti, celui-là qui le torture et celui qui le frappe là, par terre.
Aimé est décédé ce matin vers 5 h 45,
Les médecins ont rapporté qu'il s'est vidé de son sang pendant près de 6 heures,
A côté du corps décharné inscrit à la craie rouge
« tous les Nègres sont des singes »,
Samba et Isaac n'ont pas besoin de se mettre en scène
pour faire rugir leur douleur.

Et le jeu de la honte s'accélère, puisque la presse est trop timide,
Arrive la dernière ligne droite, les faces des quatre frères qui ne sont plus
que deux, sont désormais plus que livides.
A l'aide d'une scie à métaux,
Samba sectionne la main d'Isaac, ce dernier est encordé à un arbre,
Avec une lame chauffée à blanc lui grave « sale juif » dans le bas du dos,
Malgré les gémissements et les sanglots de son tortionnaire,
Isaac reste froid comme une plaque de marbre,
La mutilation s'arrête,
Isaac s'en va, se traîne en gémissant vers une bouche de métro.

La nouvelle fait le tour des médias,
une bande organisée de criminels racistes sévit dans la capitale,
Une de leurs victimes s'est échappée, Isaac raconte partout son histoire,
Le douloureux simulacre de récit sur plusieurs colonnes, le lendemain s'étale,
La bande des Loups blancs a déjà tué deux fois, cela va se savoir.
Mais contrairement à toute attente,
les poutres centrales de la fable sont gommées,
Rapidement Isaac reste seul, les noms de ses frères ne sont plus mentionnés.
Quand un leader religieux belliqueux s'empare du fait divers, Isaac est dubitatif,
Désormais lui aussi a disparu,
dans les papiers, la radio, la télé, on ne l'appelle plus que :
« Le Juif ».
La tragédie gagne de l'ampleur quand c'est Samba que l'on retrouve,
Comme sorti tout droit d'une fresque moyenâgeuse,
comme s'il avait séjourné dans des douves.
Multiples encoches de machette sur les flancs, les doigts des deux pieds sectionnés,
La joue droite marquée au fer rouge, on peut lire « Fuis Kunta Kinté !!! ».
Il dira son histoire, entrecoupée de sanglots de rage bidons,
Il la dira et la répétera en travers, en large et en long.
Il sera écouté, quelquefois attentivement, souvent d'une manière un peu distraite,
Approche le dénouement du pari, il réalise que sa vie ne vaut pas tripette.
Isaac et Samba, à eux deux portent l'âme des quatre frères,
Isaac et Samba cheminent tendus sur le sentier de la guerre.
Isaac, Samba, sans Aimé ni Brahim,
Observent alentour, voient que la société déprime,
Isaac, Samba, sans Aimé ni Brahim,
Semblent se noyer dans un bien mauvais film.

Samba est mort,
C'est « le jeune d'origine africaine » qui est évoqué dans une poignée d'articles,

Samba s'est pendu,
C'est « le malaise des banlieues » qui est responsable.

Isaac est mort,
C'est « le Juif » que l'on retrouve en photo sur les murs de la ville,
Isaac s'est tiré une balle dans la bouche,
C'est « une nouvelle forme d'antisémitisme » qui fait ses premiers pas.

Ils ne sont plus rien, leurs noms et prénoms se sont érodés,
Ils ne sont plus que des symboles sans âme, complètement décharnés.
Le traitement de leur malheur les a dépossédés de leur bien le plus précieux,
Dépecés de leur identité, ils ne sont plus considérés que par rapport
à leur teinte et leur attachement religieux.

Moi,
Je suis Tonio,
L'hiver dernier j'ai perdu quatre de mes frères,
On était fils de quartiers pourris, on en était vraiment fiers.
Par cette lettre je demande pardon à nos amis et à nos mères,
On a voulu provoquer le système, et contre ce système, parfois on perd.
On se voulait égaux, mais ce n'est pas nous qui faisions les règles,
On a peut-être été idiots, c'est parce qu'on se cramponnait à nos rêves.
Les Loups blancs à présent ce n'est plus que moi, et moi seul,
J'ai conditionné dans ma caméra DV nos débats, nos idées, nos égards,
nos erreurs.
On refusait de croire que ce que nous étions pouvait être à la base
de certains de nos malheurs,
Aujourd'hui, je suis triste de constater à quel point vos macchabées
n'ont pas la même valeur.

félix j

LA BARRE

le jour où on a dynamité la barre – n'a pas été le jour où tout le monde s'est rassemblé pour commémorer – il n'y avait pas de tristesse mêlée de joie devant une vie nouvelle – on n'a pas pu apercevoir le bâtiment qui a été coupé en deux ni les artificiers se féliciter car l'opération était difficile – il n'y a pas eu de cordon de sécurité pour permettre aux anciens locataires venus assister à l'événement d'éviter les projections de poussière – on n'a pas pleuré de bonheur ou laissé éclater sa colère – ce jour-là on n'a pas organisé un grand repas populaire – pas dit bonjour à maman devant la caméra – il n'y avait pas un vétéran qui a souligné qu'on ne quitte pas l'endroit où on a vécu 30 ans sans un pincement au cœur – et il n'y a pas eu la méticuleuse préparation des explosifs – ça n'a pas été la fois où toutes les générations sont réunies – pas la fois où à la fin du comptage à rebours tout le monde applaudit – on n'a pas pris des photos pour comparer avant et après – on n'a pas vu arriver les officiels contents – il n'y a pas eu de heurts ou de violences avec les uniformes – on n'a pas pu visiter les nouveaux pavillons dont les anciens locataires ont pris possession depuis une dizaine de jours – la fois où la barre s'est comme enfoncée dans elle-même n'a pas été la fois où un architecte cool va faire un point sur les tendances actuelles en urbanisme – pas la fois où chacun est reparti avec en souvenir un morceau de gravat – il n'y avait pas des bravos juste après l'explosion – on n'a pas chanté ou fait un black-out sur les avis des opposants et ça n'a pas été l'occasion de venir avec des caméscopes – il n'y a pas eu l'immortalisation à jamais des dernières minutes du bâtiment B ni de rediffusion au ralenti du dizième de seconde précis où on a vu les murs comme soufflés par la déflagration – pour cette fois on n'a pas évoqué la possibilité d'aller habiter ailleurs – pas non plus pensé à rester – on n'a pas tiré un trait ni entendu un des anciens dire – c'est la vie – il n'y a pas eu de volonté des constructeurs de minimiser leurs responsabilités – on n'a pas senti le sol trembler quand les 18 étages se sont écrasés par terre comme un accordéon – pas entendu le témoignage de parents qui avaient appelé une de leurs filles Ariane parce qu'ici c'est le quartier de l'Ariane – le matin où la barre est tombée – il n'y avait pas le sentiment partagé que comme un nouveau départ s'annonçait –

félix j

D

l'interphone marche plus – les boutons sont collés par des coulures de peinture séchée – on attache les volets avec du scotch enroulé ou alors avec la moustiquaire puisqu'on s'en sert jamais – avec le temps les couleurs des papiers plastifiés qui ont été laissés par terre dehors depuis longtemps finissent par passer – les parcelles aussi – on a les palettes industrielles – entassées – les tuiles orange alvéolées – et un cédez le passage bien en vue – les auto-écoles qui font faire des tours aux candidats ou qui organisent des journées tests dans le quartier – des bornes d'arrêt – des dos-d'âne – des bandes rugueuses – des démarrages en côte – sans oublier un loueur de compresseurs pour une utilisation domestique installé depuis peu de temps – tout ça ici et plusieurs cabines téléphoniques qui n'ont plus de tonalité – et l'appartement témoin d'un complexe livrable avant fin 1996 – devant l'appartement témoin le DÉFENSE DE DÉPOSER DES ORDURES sur [le personnel n'a pas accès aux fonds] les conducteurs de scooters qui acceptent encore de livrer à domicile [sont la cible de guet-apens de plus en plus violents de la part de certains habitants excédés par la récente explosion du prix des baskets] –

félix j

HHHHHACHÉS

l'alerte aux steaks hachés a été déclenchée
ils attaquent sauvagement les bornes d'achat d'unités téléphone
sauvagement
un train à grande vitesse flashé à plus de 400 km/h
tout cela à la fois
des dératiseurs ex-zaïrois entrent en mission nettoyage
des sous-sols de l'hôtel de police de Paris
on voit un vrai déchaînement de passions sur le canal 3,
où des scènes de cannibalisme ont été testifiées
les steaks hachés ne lâchent pas l'affaire
le vrai chic cet hiver,
c'est de partir au Bengladesh où on peut se payer une petite chasse à l'homme
privée à des tarifs vraiment très cool
ce sont les toutes dernières minutes avant l'arrivée des starmas,
des nunchakus à trois bras,
l'arrivée d'une armée de bons gros bourrins avec des cellules de crise
des solutions à la hauteur de l'ampleur des dégâts faits par les steaks hachés
des costumes d'une facture infecte se vendent comme des petits pains
pour permettre aux possesseurs de capitaux de quitter le territoire
tout le monde veut être de la fête
et avec tous les hits
tous les tubes vont être joués en direct sur le plateau
la petite Maria
on va chanter tous les tubes pour la petite Maria

qui attend une transplantation cardiaque dans les plus brefs délais
tout ça à cause des méchants steaks hachés
l'avalanche de télex continue
ils sont vraiment sans pitié
et les autorités rigolent plus du tout
bon, allez, c'est le moment du refrain, à vous ???...
c'est la chanson sans refrain, on dirait bien
les steaks hachés cagoulés accumulent les provocations en direction des autorités
les vitrines éclatées, les véhicules personnels incendiés
une boucherie bien bovine, tellement steak...
massacre à la serpette, un bon vieux harcèlement de population
il faut une petite boucherie bien exécutée comme dirait Mr D.
tous les trucs abusés enfin en vrai
et dire qu'il faut en arriver à un tel n'importe quoi pour un peu s'amuser...
on va tout tenter pour éviter que les steaks transforment nos cerveaux en saucisses HÉes
les actes de barbarie s'étendent à présent jusque dans les salons de toilettage canin
l'escalade est sans fin et en surabondance dans les coins
au point que la salle de jeu où on va toujours traîner
propose plus que des parties gratuites
ça devrait faire plaisir, mais la fête est gâchée, hachée
les steaks hachés bien sanguinolents déclenchent la fête
et la gâchent en même temps
la foule est hystérique ; elle est bien excitée ;
elle veut des têtes à défoncer au marteau
sur des versions techno hardcore des plus grands tubes de la chanson
mais les meneurs sont plus malins, ils ne sont pas sur la photo

les steaks hachés se pastichent avec des masques de leaders politiques
pour agir incognito
tout ce qu'on kiffe trop arrive enfin en vrai
et tout ça grâce aux steaks et tout ça grâce aux steaks

HHHHHachés

félix j

LES JEUX

La prise de parole en public répond à des codifications qu'on a mises en évidence depuis fort longtemps. Parmi celles-ci, celle qui concerne « *l'effet de reconnaissance* » revêt une importance toute particulière, dans un système où l'économie des signes fait loi.

Des références de toute sorte constituent, une fois agrégées entre elles, ce qu'on a coutume de désigner par le terme de « *personnalité* »...

Avec cette technique de collage de « *patterns de personnalité* » rapidement identifiables, il est possible d'éclairer, de façon tout à fait nette, les leviers à partir desquels on pourra emporter l'adhésion de n'importe lequel de ces agrégats auditoires. Une fois quelques leviers repérés, il devient facile de leur faire correspondre une typologie de réactions attendues.

Par exemple :

– le porteur d'une **casquette** Carhart appréciera que l'on prenne la défense de la cause des Indiens d'Amérique du Sud –

– la lectrice de *VSD*, *BIBA* et Lacan appréciera l'emploi de pseudo-références à l'idée d'inconscient, alors que celui de la presse à scandale répondra quant à lui beaucoup plus favorablement aux assertions à caractère sexuel ou violent (« **trash** », selon l'air du temps), et, plus généralement, à tout type de sollicitation visant à le fournir en boissons **gazeuses** et autres adjuvants dits « **culturels** » –

– en prononçant les termes « **islam** », « **juif** », ou encore « **pute** », ou encore « **pédophile** », on verra dans l'auditoire augmenter l'indice de réactivité d'un ou plusieurs points, selon les sujets –

– idem pour les noms de marques, de produits ou produits dérivés de ces grandes marques : ici encore, l'effet de reconnaissance fonctionne à plein, en ce que la simple reformulation en public de mots comme **Flamby**, **Panini** ou **Yves Rocher** fait écho chez l'auditeur à un processus d'intériorisation avancé –

...

Ainsi, avec la maîtrise d'une poignée de leviers et la connaissance des signaux qu'ils commandent, un analphabète notoire (type d'analphabète notoire) :

homme politique,
chanteur de variétés,
rappeur altermondialiste,
curé,
journaliste,
poète,
humoriste
ou jeune auteur à succès, un analphabète, donc, est en mesure de prendre la direction, a minima, d'un petit groupe d'individus, en prenant soin d'en extraire au préalable un corpus de références déjà ingérées, et sur lesquelles il ne restera plus qu'à opérer quelques petits stimuli pour faire remonter en bouche le goût froid du **déjà mâché** –

pour être clair :

– la révolution donne l'altermondialisme festif
– l'IS donne Canal +
– la démocratie donne l'élevage en batterie
– et la lobotomie… Bernard Henri Lév…

enfin, quelques techniques de camouflage permettront, quant à elles, la dilution des stimulateurs à l'intérieur de rhétoriques plus ou moins communes et facilement digestibles –

ici, les références au télévisuel, à l'univers de la banlieue (que l'on pourra appeler « **ghetto** » pour susciter un intérêt plus vif), aux disciplines sportives populaires ou à la discrimination sociale fonctionnent bien –
il en va de même de la fiction d'une quelconque interactivité avec le public pendant l'intervention : n'en croyez rien –

les jeux du cirque portent bien leur nom –

julia kino

JE SUIS UNE ENFANT DE LA BALLE

Je suis une enfant de la balle –
J'ai respiré vos symphonies
Inachevées. J'étais la môme en terrasse
Choyée jusqu'à l'os et jouant
Avec les publicités en plastique
Qui traînaient au fond des verres
– Encore maintenant –
Je poissais vos doigts
J'étais beaucoup de bruit
J'étais juste une enfant, juste une enfant, juste neuf mois
Mes cheveux brillants
Et ma pointure : 32
Et les trous dans mon sourire
J'avais la peau douce
(Rien n'a changé
Vous étiez déjà si vieux)
J'étais la petite sur vos blue-jeans
Un mètre dix de caresses
Et je te parle même pas du reste
J'étais
En plein été
J'avais la haine à chaque sieste
J'étais Chérie Bébé

Actrice poids céréales
Glissant sans se faire repérer
Pour réclamer une paille
Au serveur cocaïnomane
Du débit de boissons du coin
Quand j'étais petite j'étais
Ambitieuse
Je voulais aller loin
Jusqu'au bout
Et après
J'étais si petite et si dure
Un cube de sucre
Ou une armure
Radieuse
Je suis toujours la petite fille en plein soleil
Qui fait un doigt à l'objectif parce que
Déjà, rien de tout ne l'amuse
Je comptais fumer des gauloises
Mais on m'a dit j'étais trop jeune...
– J'avais quatre ans et j'oublierai pas
Tous les dessous de table
Le dessous des tables, tu vois
Ça quand t'es petite et un peu futée
Au lieu de rester fondre sur les cuisses des tocards
Tu peux explorer les interzones
Détails à l'infini qui ne sont à personne
« Les femmes modernes rêvent d'appartenir à quelqu'un »
Mais les petites filles ne rêvent pas
C'est une question de toise
Je savais

L'infini à portée de main
L'infini en dessous de ton verre
Et au-delà de toutes espérances
Je fais partie du club des gamines pas assez gracieuses pour la danse
A sept ans j'avais déjà fait des miennes
Et happé deux lézards
Pas idéal comme quatre heures
Mais un bon feed-back pour l'épate
Je ne nie rien
Je n'efface pas
J'étais toute petite et très très forte
Je trichais aux cartes
Baltringue de la mort
Cette vieille année
1987 clichés de moi ont été flashés
Le déclic toujours retentit avant la cassure
Je disais non, mais je peux pas dire que j'en étais vraiment sûre
Mon berceau avait un sandwich du jour et ne prenait pas les chèques
Cacahuètes en flaques
Je suis née au creux d'un cendrier
Poucelina vengeuse et délicate
On ne me la raconte pas
L'histoire
C'est moi qui l'ai faite
Au soleil, au soleil et au Kitkat
Je pouvais tout manger
Y compris vos craques
On m'a donné la becquée
À tout hasard et à la petite cuillère
Je m'en souviens comme si c'était hier

Je suis toujours là, et les yeux grand ouverts
Bronzée partout, sauf sur la nuque
Où les cheveux délimitent
Un triangle pâle
– Et les adultes en ont passé, des après-midi
Et des doigts dans mes mèches
Triturant ma tête de bébé squaw
Même pas mal… !
Mes petites dents en morceaux
Semblent tout ce que j'ai laissé
En creux des premiers temps
1 2 3 4 5 années
Et demi, peut-être six ans
Assise sur les comptoirs brûlants
Je ne sais plus
Mentir aussi bien
N'est pas une petite affaire
Tu peux me croire
Moi qui étais une enfant
De la balle, de la balle

Vieille chérie en perdition
Je suis
Sans arrêt remise en question
Par le temps qui se défile
De la glace pilée
Et laissée comme morte
Quel destin fébrile vers quelle nuit m'emporte ?

Je ne dirai rien.

A la mer bleutée je laisse
Le bénéfice du bruit et par réflexe je garde
L'histoire au creux de mon poing
Mieux que l'instinct, le tact
Ma gueule fermée est le coffret de ton fantasme
Et même pas tu le sais, monsieur
Votre orgueil à la patère
Et l'ombrelle de papier entre vos dents
Mais j'avoue, si le secret est serré
Le café peut pas en dire autant, monsieur
Prendra du lait peut-être ou la grosse tête
Au soleil étendre les bras recevoir les coups
Votre nuque comme une cible que personne ne regarde
Et je caresse
Le combiné du téléphone blanc crème
Solaire
Indice :
– Non, je ne dirai rien, monsieur, même pas à vous
Car la parade est vaine – Torse nu et à bloc
Entre le sable et les ténèbres,
entre la promenade en fusion et une cambrure de rêve
Tu fais le poids, bien sûr
Mais c'est pas ce qu'on te demande, je crois
Monsieur, que le homard est un excellent choix
Dans votre cas, don't move, mi amor, à trop pourrir in situ
Je parle plusieurs langues
Mais c'est pas ce qu'on me demande, moi non plus
Simplement du lait de coco par containers et ta peau
Alors juste : ne bougez pas.
Don't move mi amor toutes les lumières s'éteignent

Je devrais pouvoir mais je peux pas
M'empêcher de croire que c'est un grand moment, tu vois
Très probablement dans une teinte dégueulasse avec ce genre de lunettes mais quand même assez
Pour distinguer le homard que je tiens à bout de bras
Dans la serviette blanc cassé
– Monsieur ?
T'es flatté à mort, je lis ça dans ta sueur
Tu dis : ouais et tu caresses tes phalanges
Ton tee-shirt est mouillé mais il y a beaucoup de chances pour que tu n'y gagnes rien ce soir
Ecoute, les baffles offrent des mélopées rodées à tout
Si bien que sur nos plages d'or ne passe aucun ange
Maintenant, si vous permettez, je m'éloigne
La langoustine en peut plus de vous, mi amor
De votre regard trop lourd et de la méprise, ce n'est pas un homard
Tout le secret est dans la boîte que j'ouvre
À l'ombre, le craquement prolongé du métal dans mes yeux
Fatigués de connaître une seule histoire
Et qui ne se raconte pas
De parler plusieurs langues
Mais qu'on ne m'entende pas
Alors, mi amor, je ne dirai rien
De ma planque entre les palmiers et la mayonnaise
Je demeurerai admiratif
De votre faim sans faiblesse
Pour quelque chose de tellement mort
Et pour vous servir, monsieur, enfin, je dirai
Don't move, même si tu le voulais
Tu pourrais pas vraiment aller plus loin.

Il y a
Tous ces moments où la barmaid chef
Apprend à la barmaid jeune
A ranger les tasses
C'est un monde impitoyable
A saisir : la gueule de l'autre
Et la gaufrer et la saloper de sirop d'érable
Chacune une tranche horaire
Et une station de radio préférée
Chacune prête à laisser le coin en ruine
Pour celle d'après
Si tu crois que c'est agréable...
– On est toujours celle d'après de quelqu'un
S'entend dire la barmaid pétasse
Par la barmaid vieille peau
Qui lui a déjà expliqué, pour les tasses
Maintenant, elles parlent de leurs ex
Elles les font défiler au rythme des cendars
Qu'elles empilent dos à dos
Confidentialité : discutable
Et sales éclats de rire
T'as remarqué, toi aussi
Tu parles
C'est le moins qu'on puisse dire
La barmaid sucre les fraises
Et éparpille la cendre
De la cigarette entre ses doigts et là
Toi, tu peux pas t'empêcher de penser à sa dépouille
Un jour ou l'autre, petit
Four

Crématoire
Ça arrive toujours un jour
Ou l'autre, ça arrive après
Elle arrive toujours après nous
J'sais pas si t'as remarqué… ?
Si bien sûr, mais tiens, café, table seize
Et beignet glacé comme mon ventre
Et un beau gosse qui rentre… ?
Je me demande qui la baise
La barmaid rance n'a pas sa langue dans la poche
Se dit la barmaid dinde, table seize
C'est assez loin, l'odeur de ketchup la prend à la gorge
Et la disjoint
Elle est le toast fendu dans l'assiette idem
Elle est une inconnue, et elle sait ce que t'aimes
Dit la chanson à la radio
Mais tout le monde s'en fout
Il est pas venu au rendez-vous
Mais ça, on le savait déjà
C'est arrivé en bas de chez vous
Ou pas très loin
On est toujours en bas de chez quelqu'un
Dit la barmaid has never been
L'autre lui sourit
Un strass incrusté dans la canine
Dernier cri
Avant l'escrime
Il n'y a plus de beurre, plus de pain, peut-être même plus de ketchup
Il faudrait penser à faire un saut au coin de la rue
Il faudrait penser, mais c'est si loin

Rigolent les barmaids en rangeant les tasses
Et on attend toujours
On grille une cigarette, une heure, le dos de notre main
Une ampoule qu'on lèche, et la table vingt et un
Est pleine de miettes
Comme la vie
De la barmaid pompette à huit heures et demie du matin
Qui s'en soucie
Et qui va s'en remettre ?
C'est le genre de questions
Collées dans les chansons
La radio déverse des conneries sans cesse
Je t'aimerai jusqu'à ce que la mort nous sépare
Je t'aimerai jusqu'à pouvoir t'oublier
Dans la vie tu vois il y a toujours des baiseurs et des baisés
Dit la barmaid chargée à la barmaid qui n'y croit plus
Aux promesses
Et aux baisers
Des caresses
Et des baisers.

grand corps malade

IL A FAIT NUIT TOUTE LA JOURNÉE

Dites-moi d'où vient ce phénomène qui mène tout droit à l'impasse
Qu'est-ce qui se passe, je vois plus les traces, je reconnais plus mon espace
Espacez-vous, écartez-vous, dites-moi où est la lumière
J'ai besoin d'aide encore une fois et ce sera pas la dernière
Je ne vois plus où je mets les pieds, ne me dites pas que c'est normal
Tout ce que je respire est inquiet, je sais plus ce qu'est bien et ce qu'est mal
C'est la pénombre qui règne comme si le soleil était mort-né
Messieurs-Dames aujourd'hui, il a fait nuit toute la journée
Je n'ai pas senti de chaleur s'épanouir au-dessus de nos têtes
Je n'ai vu aucune lueur venir frapper à nos fenêtres
Je ne sais pas si je dois attendre que la nuit se lève ou que le jour tombe
Mais depuis 24 heures, il fait nuit comme dans une tombe
Je vois plus les oiseaux s'envoler, tous ces petits trucs qui m'émerveillent
Je sens plus les nuages s'enrouler, le soleil a perdu son réveil
Si ça se trouve c'est grave la terre s'est peut-être arrêtée de tourner
Messieurs-Dames aujourd'hui, il a fait nuit toute la journée
Pourtant les gens autour de moi n'ont pas l'air d'être étonnés
Comment ça se fait, réagissez mais arrêtez de déconner
Suis-je le seul à me rendre compte de la hauteur du danger
La lune nous nargue en plein midi ça n'a pas l'air de vous déranger
Est-ce que ça se passe vraiment ou est-ce seulement dans mon cerveau
Tout ça me paraît bien réel mais je ne sais plus ce que ça vaut
Est-ce un voile devant mes yeux, est-ce qu'il fait nuit dans ma tête

J'ai l'impression que le monde est vieux et qu'y a que moi que ça inquiète
Est-ce le prix du quotidien et le poids de la lassitude
Il a fait nuit toute la journée mais ce n'est plus une certitude
Peut-être que tout va bien et que l'instant n'a rien de fatal
Et qu'il y a simplement un peu trop de poussière dans mon mental
Maintenant il faut que je me reprenne et que j'arrête mes histoires
J'attends que le soleil se lève à nouveau dans mon espoir
Mais je n'oublie pas qu'il est possible que ce soit l'hiver toute l'année
Comme il se peut que ce jour-là, il ait fait nuit toute la journée
Le poète est un grand mytho qui s'invente des thèmes
Pour faire rire, pour énerver, pour qu'on lui dise je t'aime
Pour un bon mot il est prêt à tout, le poète est un malade
Ne le croyez pas surtout, il ne raconte que des salades
Moi je me prends pour un poète parce que je pose sans instru
Il a fait nuit toute la journée, j'espère que vous ne m'avez pas cru
Ce n'est qu'un thème de plus pour mentir impunément
Je pense donc je suis, j'écris donc je mens
Y a plus de repères dans mes histoires et tout ce que je dis peut être factice
Dans mon prochain texte,
je vous ferai croire que je cours plus vite que Carl Lewis
Mais attention, soyez prudents, car si jamais vous m'applaudissez
C'est que ça vous plaît quand je mens… donc je vais sûrement recommencer.

grand corps malade

LE JOUR SE LÈVE

Le jour se lève sur notre grisaille, sur les trottoirs de nos ruelles et sur nos tours. Le jour se lève sur notre envie de vous faire comprendre à tous que c'est à notre tour. D'assumer nos rêves, d'en récolter la sève pour les graver dans chaque mur de pierre. Le jour se lève et même si ça brûle les yeux, on ouvrira grand nos paupières. Il a fait nuit trop longtemps et avancer sans lumière nous a souvent fait tâtonner. Personne à pardonner, si on est là aujourd'hui c'est juste qu'on a pas abandonné. On a cherché la lueur de l'aube en sachant qu'elle avait la couleur de l'espoir. On s'est armés de nos stylos pour écrire nous-mêmes la suite de toute cette histoire. Le jour se lève, sort de sa grève, c'est grave à quel point la nuit a été agitée. On en a de belles à raconter même si j'imagine que ce sera sûrement loin de tes JT. Le soleil éclaire notre papier qu'on avait gratté dans l'ombre pendant toute la nuit. La chaleur fait couler l'encre, nos mots quittent nos cahiers, nos voix sortent de l'ennui. Alors nous allons prendre la parole, monter sur scène pour un moment, j'espère que t'en as conscience. Fini la patience et la méfiance, on s'offre simplement avec l'écriture une renaissance. Le jour se lève et son glaive de lave nous lave des peines et douleurs du passé. Notre avenir est lancé… tu nous écouteras et diras franchement ce que t'en as pensé. Le jour se lève et la joie se livre, la soif se lit sur nos lèvres, tu devrais nous suivre. Si notre heure est brève, nous allons quand même la vivre, nous ne sommes pas bons élèves mais l'envie nous enivre. Alors à ton tour ouvre les yeux, approche-toi et observe avec curiosité. Le souffle et l'enthousiasme d'une brigade de poètes sortis tout droit de l'obscurité. Ne prends pas ça pour de l'arrogance mais on sent que c'est notre heure et ça fait du bien. Notre passion va nous nourrir et je vais retrouver le sourire dans le regard de tous les miens. Le jour se lève, on le doit peut-être qu'à nous et quand je dis ça, c'est pas juste une métaphore. Le jour se lève et si ça se trouve, c'est uniquement parce qu'on l'a espéré assez fort. Le jour se lève sur notre grisaille, sur les trottoirs de nos ruelles et sur nos tours. Le jour se lève sur notre envie de vous faire comprendre à tous que c'est à notre tour. Notre futur est incertain, c'est vrai que ces deux mots-là vont toujours de pair. Mais notre jour s'est bien levé, dorénavant il sera difficile de nous faire taire.

joël flammer

...

Bus 60 28/07/2001 11 h 32

Rue Ordener
sur le pont à droite
au-dessus des voies ferrées
le tag à JONONE
se cache derrière les feuillages

Boulevard Barbès 05/08/2001 18 h 44

Devant le grec-frite
à Barbès elle est forte
l'odeur de la graisse chaude

joël flammer

...

Ligne 13 26/07/2002 20 h12

Sur l'escalier à la mairie de saint-Ouen
un homme est assis près d'un chien
d'une laisse il le menace
et lui dit je suis ton maître
le chien rigolard se marre

joël flammer

...

Rue Gaillon 23/09/2001 18 h 21

D'un pigeon écrasé
il reste peu de chose
au bout d'une journée

fred nevchehirlian

VAPEUR DE BÉTAIL

incertaine vapeur de lointain
gouffre étrange qui violente ta porte
au loin des visages de sueur sur
les troncs et les feuilles des
gouttes de peur sur les pentes
le sommeil dans la sueur
en bâiller les rêves des contrées
à l'étage l'étable des liturgies
pratique ancienne du mâle sauvage
des briques sur le continent des pertes
nouvelles visions de l'Europe et du
monde vapeur sauvage du bétail
il vient au loin des restes de
troupeau de viandes avariées pour
des siècles nouvelles visions de masses
musculaires de masses étrusques et
du reste de la communauté
internationale interne il purge il purge
le sang du continent il purge et
les riches anonymes dévoilent leur
identité caustique leur idiome oui
la tête comme un pois chiche
il vient il vient et veut plus
que t'étreindre t'étendre au rite de la

carne et l'odeur d'un déjà-dit
pour des heures de gloire le sang
du continent des narines bouchées
la voix du râle autant dire du
mâle qui chasse et qui revient
qui chasse et qui revient
qui chasse et qui revient des conquêtes
ultimes des conquêtes le bétail de
l'Europe et le monde arabe et
le monde américain et l'Asie et
les puissances divines le retour des
complexes et tu as bien de la chance
du rythme effréné mordu des fers sur
la terre de France promise ma pomme ma
promise le soutien et l'enjeu
des cons il s'endort et ne pense
qu'aux quatre coins de façon
naturelle et leur revenu l'heure
venue j'apprends à parler la langue
des plages noires de sable
noir l'horizon sombre des conflits
l'agitation soudaine
des bouts de prétention au câble des
prises ne lâche pas prise le bétail
et le frottement du corps des pelages
la voix des gens
et comme renversées de lumière
des plaines défrichées des peines
déchiffrées des sabots ferrés sur la terre
les terres épaisses noires il vient à

temps le sang du continent
parler annoncer la bonne nouvelle
la bonne antienne et la littérature
de l'amour des troupeaux de chairs
primales il souffle le sang dégouline
de sueur d'effort physique et intellectuel
les indigestions chroniques les indigènes
les enduits jaunes les parcelles
il se déplace par monade et par
négociation par refus les pores par négociation
il décharge des rêves au kilomètre sang dans le mille
l'étendue du désastre et de la sauvagerie du
miracle de la sauvagerie il souffle
au petit matin des pierres comme
on hurle qui vorace affamé le
troupeau le ban de poussière et
de peine sous la lumière il est bien
vu que le sang ignore la terre
ignore le sang ignore la terre ignore
le sang et de quel bétail s'agit-il
de quel autre agissement la terre
tremble et le bétail échoué sur la
terre maudite au vol des mangeurs
de crâne des mouches et de la
pourriture des tremblements haineux
l'homme est ceci l'homme est cela
l'homme est ceci l'homme est cela
bien heureux ou bien chanceux
celui qui embrasse la réponse embrasse
la certitude bien heureux

ou à chaque coin un avis débilitant
pour l'être l'être l'être l'être l'être
et le néon
l'ultrarayon le fer
frotte frappe le sol annonce l'arrivée
son dur monologue d'animal féroce
de rêve féroce il repartira de zéro
il repartira de zéro l'odeur angoissée
la menace d'un monde la religion
et la partition des cabales l'être l'être
entre lune et l'âne la terre gronde
d'atrocité peur du proche les poches vides
l'insomnie et la vision nouvelle de
l'Europe il faudra se cacher cacher
et retrouver enfin le diadème de la
bouleversante idylle du nouveau et de
l'ancien quand au nom de valeur
toujours légitime on prône on prône
on prône éternellement chacun de son côté un
monde nouveau bâti sur l'ancien ou
certaine valeur de l'ancien et un
monde nouveau bâti sur l'ancien
reniant la nouveauté de l'autre au profit
de l'ancien/chacun son nouveau/
chacun son nouveau toujours légitime légitime l'intime
vigile ma vigile figure de l'autre
vigilante
calme et nuageuse
figure
de l'autre

fred nevchehirlian

MA VIOLENCE

ma violence est sortie comme par-devant
elle est venue devenue mon désir comme par-devant
j'ai acheté racheté d'elle mon devenir
s'est étendue entendu dire par elle-même
s'est étendue au soleil entendu dire qu'elle n'y était pour rien
pas grand-chose
j'y suis venu comme par-devant
censément répéter ma phrase entendre ou dire
que j'étais déjà devant elle lui dire
mon plongeon rougi là sur la pelle
ma violence est venue devenue ire colère de premier ordre
d'un coup d'un seul soleil solide s'est effondrée sur ma phrase
effrontée mon île c'est pas vraiment la même chose
ou vraiment je n'y comprends plus rien je voudrais
me tenir devant elle comme par-dessus
détenir retenir ma colère mais ce n'est pas d'elle qu'il me faut me dire
m'effondrer sur elle ou devant elle et tenir droit mon effondrement d'elle
me brûler pour venir à bout devenir ignorant
mon battement ce n'est pas la même chose ou
j'y comprends vraiment rien
dégagée entièrement du ciel en allée pour
d'autres désirs que le mien ma violence
je cache mal l'innocence qui la guette
elle est cassée fracassée de gestes inutiles s'est induite

d'elle-même sans vaciller en allant droit par-devant elle
d'un seul torrent torride tournant s'est asséchée raidie sur mes mots
en cascade comme par escalier mécanique
ma douleur s'est mêlée démêlée à la rue sidérée
après coup mon cou ma couleuvre
mon peigne d'habitude qui me plaque toujours
du même côté

grégoire pellequer

BONNANNÉE

« Bonnannée », « bonnannée », ils nous font tous chier, avec leur « bonnannée », si vous me croisez, un seul mot de votre part et vous me faites passer une mauvaise journée.

Tiens hier, à mon cours de théâtre, remarque, faut pardonner leur puérilité à tous, « bonnannée », ils ont tous vingt/vingt-cinq ans, je vous le dis, c'est des gosses, c'est une cour de recréation ; et ça piaille, et ça glouglousse, et tout ça pour trois cent dix euros par mois ! Non, je ne vais pas passer une bonne année ; ils arrivaient tous un par un avec un sourire jusqu'aux oreilles ; « Bonnannée » !, croyant avoir prononcé la phrase tellement rigolote « Bonnannée » ! « Bonnannée » aussi à toi espèce de con ! tu t'es pas rendu compte que depuis des années que tu dis « Bonnannée » ta vie n'est pas meilleure, comme si le fait de passer à une année nouvelle allait changer nos vie de merde, que la bonne nouvelle était arrivée ! Et l'année suivante c'est la même assiette qu'on se ressert. On a tous bien conscience que rien a changé, mais bon, c'est l'occasion d'espérer, d'écrire à la tata ou au grand-père en lui disant « Bonnannée », expression toute faite à la mode, tous les 31 décembre à minuit ; ça y est, les hostilités commencent, et on a un mois pour dire, envoyer ses vœux ; vous savez les cartes qu'on reçoit tous, avec un cœur, ou n'importe quoi, pourvu que la bonne nouvelle soit inscrite quelque part ; oh chuis content, on ne me l'avait jamais faite celle-là « bonnannée » ! Et si je faisais moi une carte où je souhaite à tout le monde une mauvaise année ; là je serais original, je rétablirais la vérité !

« Chère Tata Roger, je te souhaite vraiment une année merdique au possible, de continuer à te lever le matin alors que t'en as pas envie, de faire un travail de merde pour un salaire de merde, d'habiter entre tes quatre murs pourris remplis de babioles superficielles et très chères, d'être toujours aussi mal habillée et de manger des pauv' raviolis très mauvais en boîte, de t'occuper toujours aussi gentiment de tes sales mômes qui nous soûlent à courir partout, à crier, à foutre le bordel et à ne pas t'obéir ; ils te prennent pour une grosse et vieille conne, et tu continues à leur servir sourires et caresses, alors que tu f'rais bien de les éduquer – mais dans quel monde on vit ! – Je souhaite que ton pauvre naze de mari qui boit et qui est très moche continue à te souiller de sa pauvre mêlasse blanchie, tu l'as bien choisi pauvre conne ! Tu le savais que les mecs sont obnubilés par leurs bites de merde ! Non Tata Roger, notre vie ne va point changer, nos quotidiens, comme les relations entre les hommes dans le monde, seront toujours aussi merdiques, et ça, c'est de la lucidité pauvre mémé. »

Bon, ben à l'année prochaine, à la revoyure pauvre raclure !
Et surtout,
« bonnannée » !!!

grégoire pellequer

MANGER DES BANANES

Moi j'ai la banane, ma banane elle s'appelle Romane. Romane, ma banane à moi !

Vraiment Romane, tu viendras avec moi, tu verras ce sera vraiment super, parc'que tu verras, y a plein de bananes, tu verras c'est vraiment très excellent les bananes, pour la forme ; ça, papa Riri, Richard, il t'a pas appris ça : avant d'monter sur scène ou d'aller devant la caméra, allez hop, une banane, et c'est parti mon kiki ! Vraiment t'as de la chance que je te donne mon secret, parce qu'une banane, c'est très universel. Tu vois, la structure de la banane, eh bien c'est super bien structuré Romane Bohringer, tu vois une banane, ben, toute la sève de l'énergie de la banane, elle circule dans les fibres de la banane, et tu sais la banane, tu le sais ça, y a plein de fibres très fibreuses, mais alors là, mais elles contiennent, mais alors là, infiniment de fibres !

Tu verras chère Romane de mes rêves, je te montrerai, et puis on aura une grande propriété, mais infiniment, ce sera une overdose de champs de bananes, y en aura partout, comme ça on pourra manger plein de bananes, et on sera super vitaminés, on sera les rois de la terre, les rois de la vitamine, et tous le monde aura super bonne mine avec nos produits bananifères, bref, tout le monde aura la banane, et nos produits, bonbecs à la banane, viande, chewing-gum, et que sais-je encore, une overdose de bananes ! Tout sera super pas cher parce qu'on sera super généreux ! Et ainsi toute la terre nous aimera car on lui aura donné la banane !
Alors tu viens ? Viens, on va commencer ; alors j'ai un plan, on va acheter

deux trois bananes sur le marché qu'est super, ouais un supermarché d'la banane, et puis je t'expliquerai comment les multiplier, car les bananes ça se multiplie très super nickel ! Et puis là-bas tu vois, il y a deux trois planches, on va construire notre baraque au milieu de ce terrain vague, tu verras c'est pas dur, tu verras. Allez, on va manger une banane et on y va.

Et en effet, les années passèrent, et les bananes poussaient, et ils purent acheter toutes les machines et matériaux pour fabriquer les bananes et leurs dérivés, et puis tous les gens des environs les aidèrent dans la banane ; Romane et Grégoire créèrent des milliers d'emplois, c'est pour ça qu'ils étaient super généreux !

Alors ça te plaît mon programme Romane ? On se roulera dans les bananes, on fera l'amour dans les bananes, les maisons seront faites de plants de bananes ; on mangera BANANE, on pensera BANANE, les hommes, à force, deviendront, ressembleront à des bananes, et c'est pour ça qu'on l'aimera.

Ce sera super chouette, on sera des bananes sur pattes, longues, jaunes, avec des points noirs, et quand viendra la saison des amours, on aura encore plus de taches noires, on mûrira, mûrs pour se reproduire, pour faire plein de petites bananes, des bananettes, ce serait chouette, pour un monde super vitaminé, un monde fait de bananes, construit par des bananes, la planète des bananes !

Alors un conseil, mettez-vous-y tout de suite, mangez des bananes !

grégoire pellequer

PASSAGE

Je passerai par beaucoup de chemins
pour vous dire chépas quoi ma haine,
boire avec vos yeux, danser
avec votre énergie. Je continuerai de
courir le monde, pour te voir peut-être,
voir les cuisines et les champs,
et les gens quand j'en serai
capable, filer avec mon amour,
profiter de mon cœur qui palpite
pour me faire avancer, et sentir
la nature, les autres gens, les vieilles
maisons, dormir et encore partir,
nager à pied de vélo, manger
fruits et fromages vers un
nouveau jour.
la nuit vient,
d'autres animaux rôdent.

céline robinet

DE NOS JOURS, PLUS PERSONNE NE VEUT SE MARIER À PART LES HOMOSEXUELS ET LES PRÊTRES CATHOLIQUES

Luc avait très envie de faire l'amour, j'lui dis :
mon doux, mon cher, sers-moi un bain mousseux
dans une minuscule baignoire en cristal de Lisieux
dans laquelle on pénètre par la bouche – oui
mmm… un poème allongé en verre et un seul pied
un tout p'tit bain qui pétille et picote les papilles et
où le gaz gazouille et chatouille tel du jazz mais
dans lequel on peut pas péter
et qui récure le corps d'accord milord mais d'abord les viscères
comme paic citron, jex four, calgon, et mister proper
crois-moi, mon Luc, j'te jure, c'est mieux qu'se branler sous la douche !
pis ça rend amoureux à deux les yeux dans les yeux rouges
bon, d'accord pour te tailler ton crayon – mais d'abord j'veux une flûte
aux milliers de 'tites bulles au milieu au lieu de gros trous, zut
debout mon Luc, bouge-toi, je doute pas du tout que tu bous
mais c'est l'début d'la fin du bout, si je bois pas, je boude !

sur ce mon Luc sursaute sur mon super lit superposé
à ça de hauteur, la chute est terrible, moi j'avoue ça m'fait marrer
qui donc trouve pas ça cocasse de voir quelqu'un s'casser les canines ?
j'suis convaincue qu'y a qu'les cocus qui trouvent pas comique bécassine
mais Luc a du cul, sa liquette tombe en loques alors qu'lui contrôle impec'
s'relève illico, plaque un coup d'laque sur ses loques
pis tac inspecte le bar high-tech en teck :
vodka, arak, saké, cognac, tequila, whisky coke
toutes ces liqueurs à l'alcool fort si exquises on the rock
c'pas compliqué, j'vais picoler 44 coupes cul sec !
le hic c'est que Luc quitte quasi intacts les coquets flacons
avec ce lascar j'donne mon joker, y m'fait encore le coup le con !
qu'est-ce qu'y fabrique aux cabinets, m'dites pas qu'il fait caca !?
j'me casse le cul à être romantique et lui s'casse au petit coin !
quel casse-couilles ce sacré crétin, il comprend quasi queutsch
t'es cucu Luc pire que Derrick pis que Starsky et Hutch !

et pis le pire c'est qu'y m'ramène du trou un truc au goût bizarre
j'vous le donne en mille, du Brise W-C en guise d'marie brizard !
c't'ignare se marre : « y a pas de lézard, ce marc brique comme saint-marc »
quelle tare ! mon malabar adore les histoires carambar
est tout hilare d'm'avoir fait boire c't'infâme mare aux canards
j'peux pas vomir (j'suis au plumard) ce connard me l'paiera plus tard
brrr, j'me sens glacée, j'ai froid dedans, dehors, est-ce le blizzard ?
c'est la banquise ou quoi ? j'entends presque à côté de moi les phoques
qui – fuck !

ça y est, ça fait effet,
j'ai envie
de
forniquer
ici
sur-le-champ
la truffe au creux de la nuque de Luc,
je m'excite
chatouillée par sa queue
de cheval
pur-sang
s'entend
vas-y, mon Luc, vas-y, fais-moi oublier ces eunuques !
mais Luc murmure « ma muse tu m'uses, même si ton museau m'amuse »
puis Luc recule, reluque mon cul et fait :
« ma nymphe a faim ?
hey, tes nénuphars nus ma nympho, fais gaffe ils vont faner ! »
moi, nympho ?!?
voilà qui est trop :
la nymphomanie
n'est rien d'autre qu'une maladie
inventée par les hommes
OUI, INVENTÉE PAR LES HOMMES
pour désigner les femmes
qui en ont tout simplement autant envie qu'eux

céline robinet

PRENDS CES MAINS ET JETTE-LES DANS LE RUISSEAU

je me suis fait tatouer un matricule de camp de concentration sur le poignet
je me lève le matin et je le vois, comme des veines trop bleues,
beaucoup trop bleues
je pourrais y enfoncer une seringue, injecter de l'héroïne, jusqu'à ce que les artères fassent des nœuds et qu'on ne distingue plus ni lettres ni chiffres et ces veines bleues, beaucoup trop bleues,
je regarde le ciel, ce matin, si rose, le soleil, qui frappe les bâtiments et leur interdit la toute pudeur, le soleil qui rend le vert tellement vert
et je regarde mon bras, les chiffres et les lettres, le compte est bon, 6 millions, et pourtant là-bas, à auschwitz, il y avait tout ça
il y avait l'aurore, ou était-ce l'aube, ou bien l'aurore, ou alors le crépuscule peut-être, peut-être oui le crépuscule, tous les matins, et tous les soirs, le crépuscule avec ses couleurs invraisemblables, et la pâquerette qui dit : si j'avais des cordes vocales, tu ne me cueillerais pas, connard, non, tu me laisserais tranquille, parce que si tu t'approchais, je me mettrais à crier
et puis il y avait les bourdons qui font les malins comme s'ils avaient volé une moto, alors qu'en fait un bourdon ça ne sait même pas voler, parce qu'un bourdon ça pèse 1,2 g, 1,2 g avec des ailes de 7 mm^2, alors selon la loi de l'aérodynamique, c'est impossible, tout simplement impossible qu'ils soient capables de voler, les bourdons ils ne savent voler que parce qu'ils sont persuadés qu'ils le peuvent

est-ce qu'ils le voyaient ça ?
est-ce qu'ils voyaient encore tout ça ?
ceux qui avaient un numéro de camp de concentration tatoué sur le bras ?
est-ce qu'ils voyaient encore tout ça ?
est-ce qu'ils voyaient sur la fleur, un pétale qui tombe et puis qui remonte sur la tige ?
oh non, c'est un papillon
et s'ils arrivaient encore à le voir, qu'est-ce qu'ils faisaient, avec la joie, cette joie absurde, intolérable, cette joie dans le cœur intolérablement confortable, cette joie immonde que procure parfois la nature ?
parce qu'il y avait l'automne aussi à Auschwitz, l'automne tout jaune, avec le soleil par terre, et quand ils arrêtaient de piocher et qu'ils levaient la tête, est-ce qu'ils voyaient le ciel, à des milliers de kilomètres d'eux, et même s'il avait été à un millimètre, ça aurait été trop, la distance ne se mesure pas en kilomètres mais en millimètres, un millimètre de trop suffit, un millimètre au bout de leurs doigts tendus, un seul millimètre qui les sépare des barbelés, un seul millimètre suffit, un minuscule millimètre de trop suffit pour rendre les choses inaccessibles
un millimètre
que la lumière traverse sans problème
la lumière
la lumière qui a assisté à tout ça
la lumière qui regardait et qui n'a rien fait
ou alors qu'on m'explique
ce qu'ils faisaient les oiseaux
ce qu'ils faisaient pendant qu'on enfonçait du gaz dans les narines d'êtres humains
hein
qu'est-ce qu'ils faisaient les oiseaux pendant ce temps-là
ils gazouillaient
ils chantaient
ils en avaient rien à foutre les oiseaux

ils regardaient les hommes et les femmes et ils les laissaient crever
est-ce qu'ils étaient vraiment innocents les rouges-gorges ?
est-ce que la nature est un tout ou est-ce que tout est séparé ?
les êtres humains d'un côté et de l'autre les oiseaux
et les arbres
le bois qui sent si bon quand il vient d'être scié
le même bois
le même bois qui sert à faire du parquet et sur lequel on glisse en chaussettes
les mêmes planches clouées ensemble
complices
pour faire des baraquements
et les rails
qui arrivent au milieu de nulle part
mais ils menaient bien quelque part ces rails
sur des champs
avec à droite
et à gauche
rien
que des baraquements
en bois
et le train
le même sifflement du train
que celui qui nous conduit en classe de neige, les joues rouges et les moufles accrochées à notre anorak pour ne pas qu'on les perde
le même sifflement du train
qui arrive au milieu de nulle part
sur un champ
avec à droite
et à gauche
rien

que des baraquements
et dehors le brouillard fulmine
les os se transforment en stalagtites
l'hiver
rigole bien
l'hiver
et les pelles
les mêmes pelles pour retourner la terre et aérer les fleurs
les mêmes pelles pour soulever des corps
et les jeter dans un four
le même four à pain que dans les pizzérias
mais c'est pas une pizza
c'est pas une pizza qu'ils y enfournent
putain c'est pas une pizza
c'est un cadavre
et l'odeur
cette odeur
extraordinaire
au printemps de l'herbe fraîchement tondue
cette odeur
honteuse
honteuse beauté de la nature
qu'est-ce qu'ils en faisaient ?

céline robinet

REMPLACER SES DENTS PAR DES GRAINS DE RIZ

quand j'étais petite, je me demandais si les chiens aussi marchaient sur les crottes de chien
surtout qu'ils devaient être deux fois plus exposés que les humains
avec leurs quatre pattes
et quand je pleurais, je voulais ne jamais m'arrêter, je voulais pleurer toute ma vie entière, à la mesure de ma tristesse, si souvent, si grande
grande
mais maintenant je suis grande
adulte
ça veut dire que tous les matins, je peux choisir moi-même mes vêtements
à l'apéritif, j'ai le droit de prendre autant de chips et de cacahuètes que je veux
et puis moi, j'ai ce que les gosses n'ont pas
des insomnies
si seulement quelqu'un pouvait me souhaiter bonne nuit
je m'endormirais tranquillement, sans faire d'histoires
puis je rêverais d'un endroit où les cochons trottinent avec de minuscules escarpins roses à talons aiguilles
un endroit où au lever du soleil, les coqs chantent à tue-tête
parce qu'à l'inverse des fleurs, les coqs, ils ont des cordes vocales
un endroit où sur les champs il y a tellement d'oiseaux, tellement d'oiseaux, que quand ils s'envolent, ils emportent le ciel avec eux

mais à peine assoupie, je me réveille en sursaut
parce que je les entends
quelque part dans le monde
des gens crient
traqués
peur immense
terreur
ça continue, là juste maintenant, au moment où je parle, des gens hurlent, dans le monde, quelque part, des gens crient, comment voulez-vous qu'on s'endorme parmi tous ces cris, pendant que moi je suis censée dormir, des gens hurlent et crient quelque part dans le monde des gens crient et hurlent pendant que nous on est censés dormir des gens hurlent et crient dans le monde quelque part des gens hurlent à s'en arracher les cordes vocales comme un coq qui sanglote vous ne les entendez pas ?
je sors sur le balcon
la lune ressemble à une rognure d'ongle
lors de l'effondrement du World Trade Center, quand on ne voit pas les images mais qu'on entend juste un enregistrement sonore, les hurlements ressemblent à s'y méprendre à un parc d'attractions
quelle lente agonie
celle du pape
quand on pense qu'il a mis 85 ans à mourir
parfois quand je rigole, je voudrais me cacher la bouche avec ma main
comme un enfant qui a dit une bêtise
ou bien mettre ma tête sous son pull
parce que
elle
quand elle m'appelle
mon téléphone se transforme en coquillage
je peux entendre la mer à l'intérieur

la mer
c'est son souffle
le petit bruit mouillé qu'elle fait quand elle commence une phrase
l'air qui sort de son nez quand elle sourit
même un jour elle m'a embrassée
dans ces moments-là, on devrait avoir un orchestre à nos côtés avec trompette tambour et tuba comme dans un film d'Emir Kusturica
elle m'a dit : « si je n'étais pas avec mon copain… »
oh, mon amour
ne t'inquiète pas
rien ne presse
c'est la vitesse qui est dangereuse
regarde, un accident de voiture à 1 km/h, ça ne fait pas mal
et une très très très lente baffe, c'est une caresse
on
va
prendre
notre
temps

quelques années plus tard
son copain l'a quittée
elle m'a dit : « toi et moi, maintenant
on se connaît trop
je ne veux pas risquer de perdre notre amitié »

parfois
après avoir trop pleuré
on a la voix comme si on avait trop crié

je n'ai pas compris
je n'ai pas compris tout de suite ce qu'elle voulait dire
si seulement pour y voir plus clair, j'avais pu acheter des voyelles comme à la roue de la fortune

- univers urbain
- souffrance champ lexical
- référence urbaine
- malaise urbain.
- argot urbain (cf Hugo, Balzac..)

gaspard

ENTRE PEINE ET HAINE

Parce que j'écris : entre souffrance et violence,
entre peine et haine entre rage et espoir
Localisé 93 ; entouré d'béton j'finis par me sentir à l'étroit
Ecoute ; le quotidien d'un jeune raconté à travers des rimes
Visage fermé parce que sûrement cette vie déprime
Ici ; on rêve du paradis, mais on danse avec le diable
Les yeux cernés à croire que les soucis ont cané l'marchand de sable
Envoie le sky parce que sans lui incapable de rigoler
Moi j'ai pas retrouvé l'moral en buvant du Ricoré
On le montre pas, mais la souffrance est dans chacun d'nos cœurs
Et trop confondent Marie-Jeanne et American Airlines
pour prendre de la hauteur
XXIe siècle : on part d'en bas en rêvant d'finir super che-ri
Parce qu'on a vite capté qu'les contes de fées n'sont qu'des supercheries
Le bonheur on l'connaît pas ; j'l'écris, j't'en fais pas un dessin
Mais demande à cette pétasse d'Amélie Poulain
de m'prêter 5 minutes son fabuleux destin
Ici la routine est déprimante,
toujours la même donc dans mes textes toujours les mêmes sujets
Là où Mesrine est un messie bien sûr que la violence a du succès
Je refais l'monde, assis sur le banc du quartier
Jeunesse incomprise,
j'fais partie de c'qu'ils appellent déjà cette putain d'génération sacrifiée
Alors avec cette idée dans la tête la vie n'a plus vraiment de but

Et la rage au cœur on s'dira qu'cette existence n'est qu'une pute
Nan j'fais pas dans la douceur ; peut-être parce qu'ici elle se fait rare
La nuit j'dors pas pourtant j'ai pas un caractère d'fêtard
C'est juste que les soucis font de la concurrence à Morphée
Et si j'tombe dans ses bras elle me poignarde
quand au réveil je capte que j'vais morfler
Alors j'écris parce qu'ici la situation s'complique
Et plutôt que de payer un psy bah moi je fais saigner mon Bic
Si j'te croise j'te dirais « ça va tranquille » mais en scred rien n'va vraiment
Peut-être parce que la chance ne m'offre que ses excréments
J'exagère ? nan je mets juste des images sur mon désarroi
Et si la vie est une chienne comprends qu'mes textes je les aboie
La souffrance est une maladie, pas reconnue par l'ministère de la santé
Mais tu sais le plus dur c'est juste d'accepter que la réussite s'est absentée
Dis-toi qu'chez moi nos vies sont vides de sens
Alors certains pour 2 minutes de gloire au JT sortent le cocktail Molotov
et le baril d'essence
Moi j'suis juste le reflet de ma banlieue mais en moins comique que Debbouze
Et d'une génération sacrifiée laisse-moi juste chanter le blues
Pour toi je suis peut-être trop violent, trop vulgaire ou trop sauvage
Mais dis-toi que j'écris crûment ma vie
parce que ma feuille est mon unique bouée de sauvetage
Parce que la chance fait le tapin mais que ses prix sont trop élevés
Il nous reste que la poisse et trop peu d'chances de s'relever
Ce que j'dis peut vous sembler trash mais c'est juste ma réalité
Parce que j'ai dit au revoir à mes rêves pas décidés à se réaliser
Trop fier ; et trop d'mal à reconnaître nos torts
Mais les miens ont la haine parce que chez nous
le père Noël ne quitte plus son pôle Nord

Tu penses qu'il me faudrait un psy
mais j'n'adhère ni à leurs méthodes ni à leurs doctrines
Pour oublier 30 secondes ma douleur
il m'faudrait juste une blonde à forte poitrine
J'me sers de mon stylo comme d'un gun,
décharge ma colère en espérant que ça t'touche
Et je m'arrête là, ça y est j'ai vidé ma cartouche

gaspard

NON-SENS

Faire les cent pas dans une chambre où l'on ne peut en faire que sept,
regarder son reflet dans sa vitre... Souffrir du non-sens de sa vie...
Vivre dans une banlieue terne où l'on traîne, cultiver l'ennui
Faire chialer son stylo et l'voir te narguer quand l'inspi s'enfuit
Tenter de s'évader un écouteur dans chaque oreille
Vivre dans l'non-sens victime d'une adolescence sans modèle
Etre un sale môme, dormir dans le fond de la classe
Tenter d'exister dans un monde où il n'y en a pas la place
Savoir pertinemment qu'on en a besoin mais refuser de demander de l'aide
Vivre dans l'non-sens et croire que foutre la merde est un remède
Habiter dans des villes qui traumatisent le Français moyen et devoir expliquer
Qu'il n'existe pas d'émeutiers mais juste des petits frères qui tentent d'exister
Etre bloqué par une fierté mal placée, ne pas oser parler d'amour
Vivre dans l'non-sens et en crever un peu plus chaque jour
Etre venu en paix mais s'retrouver à faire la guerre
Grandir et en garder dans la bouche un goût amer
Refuser ces larmes qui nous brûlent vouloir faire le dur
Vivre dans l'non-sens foncer la tête droit dans le mur
Chercher un sens à sa vie jusqu'à en perdre le sommeil
Un nuage dans l'regard se demander où est l'soleil
Chercher un sens à sa vie jusqu'à n'plus en dormir
Vivre dans l'non-sens et n'même plus chercher à en sortir
Etre loin du love, se dire que Vénus est une pute, en être rassuré
Parce qu'on est lâche face à l'amour mais qu'on refuse de l'assumer

Faire des rêves au côté de Morphée puis vivre le contraire
Vivre dans l'non-sens et regretter d'être sorti des couilles de son père
Ne rien faire mais vouloir le faire vite ; être rapide
Considérer l'avenir comme un long désert aride
Etre déçu quand la lumiere éclaire ce monde, préférer quand tout s'éteint
Vivre dans l'non-sens et rêver que pour sa mort au moins il y en ait un
Ne pas vivre c'qu'on voulait vivre, ne pas être devenu ce que l'on voulait
Etre une épave mais une épave qui refuse de couler
Ne plus croire en rien mais se battre pour continuer cette existence
Vivre dans l'non-sens et souffrir de cette triste évidence
Mettre ses sos dans des silences, appeler au secours mais sans hurler
N'avoir que sa rancœur et se dire que l'monde entier peut aller s'faire enculer
Faire semblant d'être fort en compagnie de ses compères
Vivre dans l'non-sens et finir par s'y complaire
Essayer d'oublier mais ne pas pouvoir s'empêcher d'y penser
Tourner en rond et finir comme on a commencé
Faire les cent pas dans une chambre où l'on n'peut en faire que sept
regarder son reflet dans sa vitre... Souffrir du non-sens de sa vie...

gaspard

PHILOSOPHIE QUARTIER

Le savoir est une arme, mais l'Petit Robert est-il vraiment plus fort que la violence
Philosophie du banlieusard, d'celui à qui on a volé l'innocence
Mentalité du sale môme, d'celui que l'système s'complaît à mépriser
Donc j'irai les saigner avec les éclats d'verre d'mes rêves brisés
Oui, les meilleurs s'en vont toujours les premiers,
j'ai donc dû dire au revoir à l'espoir
Il m'reste que ma haine mec j'ressasse mes rancœurs tous les soirs
Sarko et Jean-Marie m'diront sûrement : « Ta vie tu l'aimes ou tu la quittes »
T'inquiète j'lui mets des gifles mais dans l'fond je la kiffe
Entre elle et moi c'est passionnel,
j'la tape elle s'révolte mais reste toujours à mes côtés
J'accepte ses coups mais j'me tire une balle si elle finit chez Ni putes ni soumises ;
j'ai trop d'dignité
Philosophie quartier : j'crois plus en personne,
l'humanité attend son jugement au dépôt
J'décroche pas les étoiles, j'les égorge mec j'ai jamais aimé qu'on m'regarde de haut
L'amour est aveugle rien d'étonnant au fait qu'il s'soit vite cassé la gueule
J'viens d'là où la réussite 3 la vivent alors que des millions la veulent
Le système s'est dit qu'on s'ferait vite à cette fatalité sans s'poser d'questions
Et demain si j'm'en sors j'fais juste monter le nombre d'exceptions
L'amour ça tue, philosophie quartier, l'amour ça assassine nos cœurs
Donc j'carbure à la haine j'en fous partout même dans mes pattes au beur
Philosophie quartier l'amour n'est qu'une vaste connerie ?
Nan c'est juste que chez moi à la Saint-Valentin on s'offre des bouquets… d'orties

Voilà c'qui fait ma vision des choses, au bord de la névrose
Le cul sur une grenade je rime en attendant qu'elle explose
Je suis la voix de nos silences, ceux que personne n'a su entendre
Il n'reste que la flamme de la rage quand celle de l'espoir est en cendres
Avec les émeutes, la banlieue a accouché d'sa haine,
le système tente de la reprendre en main
Mais préviens Marianne qu'Harry Roselmack n'est pas une pilule du lendemain
Philosophie quartier : délaisse quelqu'un et sa rancœur ne t'oubliera jamais
Philosophie quartier : un cheval court toujours plus vite une balle dans les jarrets
Comprendra qui pourra la philo de ces jeunes habitants de ces quartiers pagav
Les banlieues brûlent ; nos cœurs sont des volcans, nos larmes sont de la lave
Paraît qu'on critique sans apporter d'solutions,
qu'on détruit, mais que jamais on construit
Mais quand la caravane passe je préfère être le chien qui aboie
que le cheval asservi qui conduit
Bercé par mes rancœurs rien d'étonnant au fait qu'j'rêve plus
C'est mieux ça m'évite de m'lever tous les matins déçu
Voilà ma philosophie celle de ceux qu'ont toujours les sourcils froncés
Peut-être qu'on fonce dans l'mur.... mais c'est dans l'espoir de l'défoncer
Philosophie d'la haine, philosophie d'la destruction
On est pas né avec, mec, c'est juste venu avec les désillusions
Philosophie quartier : la rage pour masquer la peine
Mon putain d'ange gardien est prisonnier d'ma haine
Philosophie quartier en ciment en béton et en pierre
Moi j'veux pas sortir de l'ombre j'veux amener l'ombre sur la France entière
J'veux manger avec les plus grands, t'inquiète j'saurai kiffer la gloire
Faut avoir bouffé des grecs toute sa vie pour savoir apprécier l'caviar.
2007 ma philosophie laisse dans la bouche un goût amer
On est les Jules Verne du XXIe siècle à vingt mille lieues sous la merde.

gaspard

VIEILLESSE ENNEMIE

Ce soir j'ai 77 ans et j'réfléchis, posé dans c'que j'appelle mon boudoir
Un corps maigre, caché sous un vieux peignoir
Assis sur un tabouret en bois, ma retraite ne m'permet pas l'fauteuil en mousseline
Dans un F2 de banlieue ma famille c'est les chiottes, la chambre et la cuisine
Une calvitie sur la tête ; j'suis pas fashion je n'ai ni queue-d'cheval ni natte
Et ce soir avec moi je n'ai que mon cafard, mec moi j'ai jamais eu d'chatte
Mais même si rien de ça n'est beau,
paraît qu'j'devrais être content d'contempler ma face dans l'miroir
Car personne n'aurait parié que j'vivrais vieux à l'époque ou j'traînais tard le soir
Pourtant j'sais pas c'que j'fous là si tu t'demandes pourquoi devine...
J'ai pas fait d'beau voyage comme dans mes rêves de gosse,
j'ai découvert ni l'Amérique ni la Chine
J'ai vécu avec la rage de ma jeunesse dans l'cœur
et non pas poussé par la puissance divine
Et dis-toi qu'ma vie n'a pas eu l'romantisme de celle d'un joueur de mandoline
J'ai grandi sous un grand ciel gris ; bien loin du soleil
Et si tu veux qu'j'te dise vraiment j'n'ai pas eu une existence couleur vermeil

J'repense à tout ça, sombre anniversaire tu m'diras
Et encore pour un mec d'ma génération
j'devrais être heureux d'avoir ni cancer ni sida
Ma rage de jeune de banlieue, avec le temps, a viré en aigreur
J'finis misanthrope à regarder la connerie humaine et ses erreurs
J'crache sur le monde, parce que malmené par la vie

J'me rapproche de ma tombe, pas grave Polnareff m'a dit qu'on ira tous au paradis
Non l'âge ne m'a pas amené à la foi, faut s'rendre à l'évidence
Pas simple de rester saint quand on n'voit qu'les mauvais côtés d'l'existence
C'est pas l'fait d'souffler mes bougies qui va m'rendre la bonne humeur
J'ai perdu mon sens de l'humour et mon cynisme me ronge telle une tumeur
J'représente le 3e âge mais dis au ministre de la Santé que j'veux pas être assisté
J'veux pas d'hospice, d'infirmières, de compassion ou de regards attristés
J'ai trop d'dignité, et j'crois qu'il y a qu'elle qui soit toujours restée à mes côtés
J'refuse ta pitié, plutôt prendre un ticket pour l'paradis et décoller
J'préfère rester seul avec moi-même et mes espoirs déçus
Et si j'meurs c'est qu'plus rien n'me retient et non pas qu'la canicule m'a eu
J'me rappelle cette époque, j'étais jeune j'avais des potes, on prônait le désordre
Et aujourd'hui il m'reste quoi ?
Des regrets, une vieille photo jaunie par le temps et ma haine des autres
J'me fais vieux mais j'ai moins d'rides que d'cicatrices au mental
Fallait qu'j't'en parle au moins une fois avant qu'j'm'en aille...

naima chahboun

PARIS MATIN : EXERCICE ORALE

quelle heure est-il ? où est la gare ? combien ça coûte ?
comment ça s'écrit ? c'est quelle langue cette langue ?

c'est quelle langue cette langue : cet exercice orale : ce faux pas : cette frasque : cette faute d'orthographe ?

Excusez-moi monsieur,
c'est à vous cette langue ? c'est à vous cette langue dans ma bouche
qui bouge ma langue ?

vous avez une belle langue, monsieur. une langue vivante. très vivante. vous avez une langue de chatte,
monsieur.

c'est votre langue maternelle ? c'est votre complexe paternelle ?
votre vie éternelle ? votre rêve fraternelle ? ici, on est tous
égaux. et libres. et hommes.

Et moi,
qui suis-je ?

je suis la maîtraisse. je suis la maîtraisse de tout le monde. je suis la maîtraisse du monde. je suis la maîtraisse de votre langue. votre langue qui entre par mes yeux. par mes oreilles. par tous les trous de mon corps. qui lèche mon cerveau :
entrée libre,
mais la sortie vous coûtera cher, monsieur…

je laisse glisser votre langue dans ma poche : 16 000 mots. plus que 200 expressions usitées : quelle heure est-il ? où est la gare ? combien ça coûte ? comment ça s'écrit ?

Et moi,
qui suis-je ?

je suis la voleuse à la tire. et je tire ma langue. et elle s'effondre râlante. sanglante. je tire ma langue de la vôtre. et je tire sur votre langue. comme ce poème se tire en longueur…

c'est à qui ce poème : cet exercice orale : ce faux pas : cette frasque : cette faute d'orthographe ? je tire le son, le sens, le sang de votre langue. je tire une nouvelle langue de la vôtre. et je me tire de ce poème : cet exercice orale : quelle heure est-il ? où est la gare ? combien ça coûte ? comment ça s'écrit ?

Et moi,
qui suis-je ?

je suis l'inconnue dans la rue. l'intruse dans ton lit. la maîtraisse de ta femme. la voleuse à la tire. je suis le faux pas : la frasque : la faute d'orthographe.

Excusez-moi monsieur,
mais ma langue n'est pas faite
pour la vôtre.

naima chahboun

HAPPY END

au commencement : la parole. avant les atomes et les dinosaures. avant la vache folle et la chute. avant les gratte-ciel et avant le ciel. avant la poule et l'œuf de poule. avant la pollution. la parole était avant tout. et avant tout puissante.

mais quelle parole ? personne ne se souvient. les bombardiers tournoyaient sur les eaux et la parole se reproduisait, se multipliait et remplissait la terre. comme un virus : ne pas ouvrir la bouche. le système risque de s'écraser. syntaxe erreur : l'écran vide : ground zero.

retournons à l'état naturel : je baise, alors je suis. mais la parole ne se transmet pas à travers les rapports sexuels. l'amour non plus. cela vient d'en haut.

love-bombing : ça ne fait pas mal si c'est pour une fin juste, entend-on dire. mais aujourd'hui la fin est surtout proche, pénétrant la sphère d'intérêt, comme la nature morte s'étend sur le jardin.

au commencement : la parole. mais qui parle ? c'est le livre qui parle.

naima chahboun

DU MEILLEUR RÉGIME

le meilleur régime? c'est sans doute les huîtres et le champagne : pas de contrainte. pas de limites. pas de surveillance. à manger à volonté selon ses moyens.

les huîtres et le champagne. la poésie contemporaine s'écrit facilement sans le moindre excès : cent pour cent matériaux recyclés. consommation énergétique réduite au minimum. qualité impeccable. mais on préfère ce qui est exclusif et cher : les appareils inutiles. les vitrines abondantes. les colliers de perles.

et pour le curieux : l'huître fait partie du groupe « mollusques ». elle vit à une profondeur de zéro à dix mètres. le coquillage est retenu par un muscle vigoureux. en pêchant les huîtres, on leur apprend à se fermer quand enlevées de l'eau. celles qui restent ouvertes ne survivent pas le transport au marché. et les huîtres se mangent vivantes.

afin que : ce soient toujours les huîtres les plus intelligentes qui sont mangées. afin que : l'espèce de l'huître devienne constamment de plus en plus stupide. tandis que : l'espèce humaine devient de plus en plus intelligente.

oui, maintenant, la perfection est tellement proche : les huîtres. le champagne. la poésie de luxe. les membres souples, exactement proportionnés, en excellente harmonie : la lutte de l'homme contre l'obésité a finalement été gagnée.

afin que : nous soyons tous des huîtres, conservant nos corps pour ceux qui se préparent à nous bouffer.

dgiz

DGIZ HORS

Refrain

Reaktor, météore, dinosaure, hardcore, matador mais t'adore
One two three four
J'veux la médaille d'or
Tu voudrais faire mon sport mais tu dors encore
C'est du raptaptap, pas du choubidouwap
S'il faut qu'me tape
J'me tape dans l'rap le wap sans cap
J'suis cape donc j'garde le cap et frappe fort
Every day every night
To the left to the right, to the right right left
Bois d'la Leffe, bois du Sprite
To the left left right right left encore
J'viens pas t'livrer d'analyses
Encore moins te dire de bêtises
J'te psychanalyse
Crise brise ton pare-brise dramatise
Il faut qu'j'te l'redise, Dgiz

J'viens d'un système claqué même maqué
Où les macs brassent
D'autres font des passes
Ou s'entassent près des troquets
Ceux qui brassent s'taisent, ceux qui pèsent l'écrasent

Et ceux qui beflan pour la baise claquent leurs liasses bêtement
Dès qu'ils croisent une biche c'est wouahh
Dès qu'ils sont en chien dans la mouise c'est whhoo
Y en a plein qu'ont même pas d'quoi faire le plein
Sans emploi RMI
Pas sage pour avoir de l'argent de passage
Mais quand t'as pas de crédits auprès de la crème hardcore
Reste dans ton coin
Car dans la cour des grands
J'peux pas croire que t'iras loin
Tu feras coin coin
Comme tous ces canards qu'en ont marre de s'faire plumer au plumard
C'est vrai qu' j'suis fait de fonte de haine
Appelle-moi Maître Dgiz de gégène
Sur son chêne perché tenant dans sa main un nem
Et si t'aimes ce thème j'pourrai t'l'expliquer en système
On est comme on est
Et on naît comme on naît
Un morceau en moins ou avec un long nez
J'ai talonné les meilleurs des mauvais chiens
A coups d'saton à coups d'bâton
Pour voir la couleur et l'odeur de mes moyens
C'est ici dans la ferraille que j'éclate au grand jour
Un puriste réaliste aux visions futuristes
Je joue debout mais je n'suis pas son pianiste
Dans tous les coups, dans toutes les listes
Appelle-moi Dgiz l'artiste
Si tu m'vois avec une arme t'as d'quoi t'alarmer
Ils n'ont pas voulu d'moi à l'armée
L'armée de l'air l'armée d'terre

Et même l'armée d'la mer
J'suis toujours prêt pour l'or
Mais c'est dur désormais
Des zarmas j'en ai trop entendu
Dans l'temps ces tordus ne duraient pas longtemps
On les montrait du doigt, les tordait sans tarder
Car dans l'rap en c'temps-là on avait pas l'temps d'bavarder.

Refrain

Reparti dans ma tour
C'est r'parti pour un tour
Les vautours sont partis
La partie c'est chacun son tour
Chacun sa tâche
Son job, son boulot moustache
Postiche bob au bout d'l'oseille
J'sais c'que c'est qu'le, j'sais c'que c'est qu'la
Qu'est-ce qu'on s'éclate
Mais qu'est-ce que c'est con
Lorsqu'on sait quelles en sont les conséquences
Elles sont tristes
C'est pour ça qu'j'ai des raps tristes dans ma liste
Y en a même pour pas qu'on m'prenne pour un touriste
Pour être franc avec ceux qui kiffent mes pistes
Du plus offrant au réaliste
Du plus souffrant au plus à l'Ouest
Depuis l'temps qu'j'me manifeste
Que j'porte la veste comme un mec de l'Est
Un zeste de tordu une peste

Un mec qu'effectue beaucoup de gestes indigestes
Interdit dans la rue on m'rouste, on m'rouspète
Parce que j'broute pas la moquette
On croit qu'j'me la pète
Mais j'suis pas un pitre
Qui buvait des litres au pupitre
C'est pour ça qu'j'ai gardé mes potes
C'est vrai y a pire, y a mieux
Mais j'suis pas comme l'autre con d'fakir
Qu'est venu nous prévenir
Qu'allait tomber sur nous la station Mir
J'suis père d'une paire
J'espère pour mes sœurs mes frères
Qu'ils sortent d'la demer pépère
Pile pour ça j'remets en mire le pire
J'vois partir le respect des pères et mères oubliés
J'veux qu'dans ma communauté on soit unis ou liés
Ex-taulard, fils de maquisard
J'traîne le soir sur l'boulevard avec mes lascars
Ils fument leurs zdars sans costard
Moi j'viens du mitard connard
C'est moi qu'Botton et Tapie ont croisé au parloir
J'craque pas du slip
J'suis pas l'as des slips
Mais un junk disciple
J'te donne l'indice c'est simple

Refrain

Pour joindre les deux bouts
J'reste debout comme un bezbou
Et puis l'reste on s'en fout quand ils m'traitent comme la peste
Et m'mettent des coups moraux
Impec, voilà des pectoraux
Deux pecs avec des principes électoraux, OK
Ils détectent le taureau du terroir
Le tri des mauvais numéros
N'ont plus d'sifflets au bec le soir traquent les bicots
J'nique les decs en tricot dans les tripots
Via la fripe par les tripes
Car, j'sais c'qu'ils feront d'mon fric haut
Ils veulent que j'implique
Mais ma vie m'la compliquent
Tu veux qu'j'sois un bic, un bouc, un mickey
Plein d'micmacs au micro chez mac mic plouk tac tic
Un p'tit con, un tic tac avec une tactique à la nique mouk
Mais moi j'gratte pas le tacOtac
Car tu sais qu'depuis l'temps mon ego et moi on est restés daco dac
On a raté la plaque
On est restés des tocards à téco
Pour avoir la téco avec tes pineco
Rouler en tacot nicotine et borné comme l'était Nico
J'te naico frangin, cousine, bicot, Négro, Blanco, Porto, Latino
De toutes les origines on reste haut
Même s'il faut qu'ce soit pour satisfaire celui qui sait tout faire
Faut s'attendre au sale avec les saltimbanques qui se lèvent tôt
Font des saltos
Pour des sales taux d'imposition
Et vantent les bienfaits des stations balnéaires

Qu'ce soit bien fait divers c't'été
Pour savoir c'que t'auras fêté dans l'derrière
C'que tu vas faire péter j'm'en tape
J'suis un mec de cité, une grosse frappe
Comme toi, des comme moi on en fait plus
De plus en plus de trous du cul convaincus d'avoir tout vécu
Comme ceux qu'ont trouvé l'astuce pour faire grève

Refrain

dgiz

ELLE COURT ELLE COURT

La poisse ne concerne que ceux qui s'laissent faire

Refrain
J'y crois parce qu'on dit qu'l'amour l'emporte toujours
Mais certains jours dans certains bourgs et gourbis
C'est certain qu'le dicton s'gourre
Malgré ses cernes et son teint qui en disent long sur ses courbes
Et ces cons qui lui font la cour
Elle court elle court la maladie d'amour
Elle court tellement que quand elle tourne court
Moi j'coupe court et j'l'oublie

C'est étrange cousin que
Soudain ça les arrange que
Ma vie change
Et que j'en r'mange
Qu'j'n'ai pas d'linge
Qu'il ne reste de moi
Qu'une photo d'un singe
Un péage, un passage
De pas sage trois en cage
En marge, un barge qui targe
Un son vierge au grand large
Qu'héberge les sans-abri d'la berge

Qui gamberge qui,
Crie, écrit, décrit l'mépris
Empris dans sa zonpri t'as compris
Ça parie à qui sortira l'premier
A cent contre un d'être le pionnier
Prétendant atteindre le dernier degré du conté
Malgré la traîtresse contrée
Par ces sos qu'on laisse sans laisse en chier, en chien
Wesh wesh j'ai envie d'iech
Rien n'me l'empêche
Dans ma crèche j'ai pas la pêche
Ma langue est sèche
Et c'est la dèche
Alors j'allume la mèche de ma chauffe
Un deux un deux chouf comment j'me chauffe

Refrain

Et on z'y va vite dans la vie
Par des ficelles vices et rats
Vice versa, Dgiz cotisa vers ça ?
Non ne versa pas
Mais supervisa mes propres crises
Les gens sont concentrés, c'est la rentrée
J'ai déjà les chrysanthèmes
J'veux pas qu'on m'atomise d'entrée
Qu'on m'mate qu'on m'mise de case en case
J'perds pas d'case, j'mets l'plein gaz
Gaze sur les gonzes et gars qui s'taisent
Qui t'aiment pas, t'aident pas

Plaisent aux balaises
Pleins de biz, pleins de pèze, non non
Pleins de bide, pleins de graisse
Plus de Marie Maria
Avec glaçons garçons
Peut-être que j'péterai un câble
Lorsque je s'rai sortable, non,
Capable, instable de casser la table
Affablé par des bluffers
Des biffins bouffons
Qui veulent encore bouffer
Là où plus personne ne bouffe
Et ça pouffe de rire Hi ! Hi ! Ha ! Ha !
Ce soir je m'en irai tout seul embrasser l'sol

Refrain

On n'pense pas à la pollution des pots d'échappement
Pour s'échapper là s'échappent encore quelques billets
Alors on oublie ses proches
Ceux qui n'ont plus qu'un pichet
Plus l'droit d'pioche
A qui on reproche d'avoir triché
La fouille d'une poche
Des trucs plus moches
Depuis qu'j'suis titi gavroche
Du 19 au 11 moi j'bronze pas
J'sais qu'ceux qui pèsent
On les baise
Et même leurs gonzes gars !

J'remercie ces femmes laides ou belles
Qui m'ont fait voir le bout du tunnel
Même quand j'en avais marre
D'voir des sentinelles
J'étais sans nouvelles
J'avais commis des vols
Les huiles de ma ville
Avaient donné leur aval
Pour qu'j'en avale
Aujourd'hui j'suis devenu un rimeur
Ramant pour de faibles revenus
Venu de rêves à revoir
Dans une vie à mains nues
Etre voyou prévenu
Faut l'vouloir
Avant de t'dire au revoir cousin
J'voulais juste te dire que j't'aurais prévenu

REFRAIN

lyor

BARBAREURS

Cette virtéalité ne conrien pas d'imots ossez forts
Pour décririer l'horrageur abscène de la guorre !
Il ne faut pas troublier, juste construgir,
Avec émovement, apprengesse, sans se solitarir,
Ça fait beaucup de concepts por les bournobles de notre épunk
Les relifieux, fanassins, aux dislongs pathérétiques,
Enbut, j'exurte à vous faire compendre l'inexsticable
Par l'assence même du verpillage inextangible
Insonsé, ellogique de l'habzurde, exorcice
De stèle juste pour rare des milheurs de notre mondice
Implement vivre le prafur, sans tomps qui plisse
Etre lettre morte, et s'inventiler en phrises sous-réalisses
Cosser les malles que fabrime la fature huvaine
Créter son unibleu dans l'instase illumaine
Poncez de moi que je suis dragé ou drangé
Vous aurez tujours une par punique du trangé

lyor

OBJET D'ART ET ART OBJET

L'exploitation de l'art par le fric : c'est chic !
Attention même dans les bars : ça casse des briques !
L'artiste est un pitre, pire s'il est un peintre !
Pourtant il est pratique pour tout ce qui est de feindre…
Les puissants mécènent tels des sangsues la culture,
Des puits sans fond où ils mènent l'eau pure
Pour la changer en pétrodollars emmazoutant les écoles
Ces cochons les gavent de lard pour que leur biz' décolle !
Le peuple diverti-sse-ment, c'est dément !
Ça montre comment on le trompe dûment.
Ne pas dire la vérité : c'est mentir !
Y a du sang sur la censure !
Divertir la masse pour la ralentir,
Je crois que c'est le cas, sûr ! Y a cassure !

J'ai jeté ma télé, j'ignore la variété,
Le rap aussi m'a soûlé, pour dire la vérité…
Tout est récupéré, tout est noyauté,
Oui, je suis réac', en réaction à cette déloyauté !
Jusqu'où peut aller l'inconscience de chacun ?
De ceux qui ont le jeu en main et de ceux sur le terrain ?
On dirait les années vingt, sans vouloir jouer les taquins,
Vous verrez qu'un jour vain on dira que j'avais du tarin !
Si vous lisez ou entendez cela, c'est qu'il n'est pas trop tard !

Ce Soir

DIDIER

Réinventons l'art de l'art contestataire !
Bien sûr, après tout, je peux avoir tort,
Mais ce n'est vraiment pas ce qui pourra me faire taire !
Alors, aux idées reçues, le cou je tords,
Je sors des prisons concepts mitards,
Car l'art était la liberté avant que vous ne l'achetiez,
Il n'en est qu'un pâle reflet, grâce à votre calculée pitié….

dame gabrielle

J'AI GRANDI

Que ça compte ou que ça foire,
Je conte les histoires.
Des leçons, des fractions, j'ai appris.
En réaction, en punition, j'ai grandi.
A hauteur d'1,52 mètre,
Mes haut-le-cœur mettent le feu
De détresse et brûlent mes tresses.
Je me recoiffe et refais surface.
Même qu'on va se faire belle
Et rebelle,
Jusqu'à satisfaction,
Et vaincre bien des dictons.
Ces rébellions de convention,
Ou tout acte de succion.
Ça te choque !
Dame Gabrielle remonte les frocs.
De ces fleurs, j'en ai plein en stock.
Je recueille, en femme exemplaire,
Les ronces plantées sur ta mère,
Les romps, par respect, les enterre.
Pour dénoncer ton sexisme engrainé,
Reste qu'à s'insulter sur un pied d'égalité.
Les belles plantes sont fragiles,
« Etre une femme libérée, tu sais c'est pas si facile. »

Reste ! Que je te le clame !
Sauf en faire une réclame.
« Un peu de Génie sans frotter »
Merci à l'électroménager,
De libérer du temps
Pour la ménagère de +/- 30 ans.
En parfaite fée du logis,
Je vis de grands moments de technologie.
Assurée de me sentir concernée,
Je vis de grands moments de citoyenneté.
Devant ma télé et après ?
Je l'éteins avant de pleurer
Mon sort, leurs torts.
L'info multimédiate intoxique les faits, pour de rire.
Elle déteint sur les tee-shirts policiers made in l'US Empire.
La machine électrise the united audience solvable.
J'en fais le tour pour me distraire, inconsolable.
Je m'en remets, enfumée de keuskon.
Je me remets à psychoter des solutions.
D'avis de communiquer sur tout terrain,
La joie de s'entendre avec son prochain.
Les bienfaiteurs fatiguent en descente,
Bien des fauteurs glissent sur la pente.
Le calumet limite la paix aux siens,
Connais pas la vieille avec le chien !
Grognon et en manque de frissons,
Je me plais à trouver marrant

Qu'il est bon d'être méchant.
D'un bon fond, les méfaits se dissipent
En bonne forme, je me fais pacifiste.
Trop faible, street encanaillement,
Trop souvent, triste enfermement.
En galère de guéguerre,
Les gars l'air de rien dire
Me donnent l'occasion de m'enorgueillir.
Slam sert à rien, à vrai dire !
Ouais voilà ! C'est juste pour rire
Aux larmes. Au final,
S'éviter d'être conne
Je représente comme personne.

dame gabrielle

AUX ORIGINES

Ne pas se gêner pour en rire
Pouffer du sérieux au pire,
Le fait religieux m'inspire
Et mon incroyance s'attire
Les foudres olympiques ou idylliques
D'un ou plusieurs magiciens spirituels
Leur nombre est conjoncturel.
Pas là pour apporter une preuve
La raison, que rien ne prouve !
Et que l'intime conviction écrase
Le sûr et certain, sans doute, pourtant se creuse
La tête. Pas bête ! Ni ange, ni démon !
Malgré mon arc ange prénom.
Au commencement est aussi le collectif :
Dimension humaine aux usages distinctifs.
Des rites villageois à l'exode migratoire,
Les pendentifs-grimoires
S'évertuent de naître ostentatoire.
Les mythes et les pratiques éprouvent leur mutation,
Et la peur d'être en contradiction !
La géographie de nos histoires
Trace les luttes, leurs magies noires.
De cet héritage en partage,
Je suis les ambitions parentales

En rejet d'une tradition cléricale
De ses lois fratricides, liberticides,
Au nom du temps, du roi et du non-choix.
Le printemps 68 émancipateur
Frissonne pourtant devant l'incertain perturbateur,
Le temps d'apprécier d'être en sécurité
Et de partager des valeurs normées
Entre liberté et stabilité,
L'épreuve est de ne rien sacrifier.
Chacun son bagage contre-culturel, fier et fervent
Chacun s'engage contre un pouvoir discriminant.
Si les réflexes sont communs,
L'hymne ne fédère pas en refrain.
La diversité et sa nationalité
Brandissent leurs barrières en réaction-naire.
Etre au centre d'une tension entre un passé
Et sa respectabilité, truquée.
S'affirmer depuis ses origines
Sur la façon d'ici prendre racine.
Sur fond du nationalisme,
Le revers est un protectionnisme.
Tous affichent leurs restrictions communautaires
Prière d'appartenir au même clan, mon frère.
Mes goûts et nos couleurs se discutent
D'après quelques jugements qui se disputent
Sur le naturel de nos déterminants socioculturels.
Au crédit de ce discours soucieux,
Je rends grâce à Bourdieu.
La situation n'est plus enfantine,
Même si j'y ai cru à ces comptines

La mixité n'est plus envisagée
Dès qu'il est considéré comme salutaire
D'être lové dans le réconfort identitaire.
La vérité, tu mens !
L'amoureuse intègre d'un battement,
Son cas, sa différence athée,
Dans le cas d'une future maternité.
Au secours de la sainte virginité,
Autant de méthodes d'ici ou de là-bas
Qui font débat sur leur efficacité
Tant qu'on arrive à s'en amuser !
Tant qu'il n'y a personne à dédicacer.
Mes certitudes atteignent leurs limites,
Autant que l'éducation laïque.
Se surprendre à ne plus comprendre,
Autant de tolérance à apprendre.
Au moins s'interroger
Sur la transmission et ses modalités.
Négocier la circoncision pour le fiston
Contre le droit de manger du porc
Et transformer l'interdiction du guéridon
En contrainte pour le décor.
Que j'aie provoqué les fâcheux ou les curieux,
Le mot de la fin est A Dieu !

le robert

ARMSTRONG

Il est né le 5 août 1930
Il vit d'une confortable retraite à LEBANON
Une ville de dix mille habitants
Proche de sa ville natale – WAPAKONETA –
Dans l'Etat de l'Ohio
Aux Etats-Unis d'Amérique.

C'est un vieux monsieur tranquille

Il fait ses courses au supermarché de sa ville
Et la caissière le salue d'un sourire discret.

Cet homme a fait des choses extraordinaires

Cet homme était un enfant qui construisait des avions
Avec du basalte, des élastiques et de la colle
Des avions qui volaient

Il y a des enfants qui rêvent
Il y a des enfants qui rêvent
Il y a des enfants qui rêvent

Il y a de jeunes hommes qu'on envoie à la guerre

Le 3 septembre 1951,
Les communistes avaient tiré des câbles antiaériens au-dessus de la vallée
Le 3 septembre 1951
L'avion de l'enfant qui rêve s'est empalé
L'enfant qui rêve s'est éjecté
L'enfant qui rêve a été décoré
Au bout de ses 78 missions diverses dans le ciel de Corée

Je n'ai pas trouvé combien d'êtres humains il a tués
Combien de sang versé
Nul ne le sait
Même pas lui
Lors de ses 78 missions dans le ciel de Corée

Cet homme a fait des choses extraordinaires

Sa bio est lisse comme le cul rouge du singe
Sur toutes ces photos il a le sourire de la réussite
Sur un visage de premier de sa classe

Il n'y a aucune photo de lui qui pleure un chagrin d'amour
Il n'y a aucune photo de lui qui se bourre la gueule avec ses potes
Il n'y a aucune photo de lui qui pisse comme je pleure sur les femmes infidèles

Il devient pilote d'essai
Il devient ingénieur

J'avais 8 ans en 1962 lorsqu'il posa sa candidature pour devenir astronaute.

Cet homme a fait des choses extraordinaires

Pour la première fois, une capsule spatiale s'amarrait à une autre lors de la mission Gemini 8. Lorsque les deux engins s'accouplèrent dans le noir profond du ciel, ils se mirent à tournoyer comme le font les amants dans les chambres d'hôtel entre 16 et 17 h 45 quand il faut aller vite pour oublier la gravité des choses.
Ce qui n'était pas prévu !
De plus, il n'y avait plus de contact avec la Terre.
Alors, l'enfant qui rêve a pris les commandes, seul, de sa propre initiative.
Il a détaché le vaisseau spatial et l'a ramené sur Terre.

Sur les photos, il a toujours ce sourire d'homme heureux
Béat. Il doit toujours être en érection pour être content de lui comme cela.

Le 6 mai 1968
J'avais 14 ans et je commençais à lire des histoires qui se déroulent dans l'espace… !
L'enfant qui rêve essayait un atterrisseur lunaire expérimental
il s'est crashé !
Il a échappé à la mort.
C'est tout ce que j'ai trouvé

Il a échappé à la mort !

Cet homme a fait des choses extraordinaires

Le 21 juillet 1969
A 100 mètres de la surface de la Lune
L'ordinateur de bord du module lunaire est saturé d'informations
Le système se met en alarme.
L'enfant qui rêve prend les commandes et pose l'engin
Sur une surface relativement plane.

Le 21 juillet 1969 à 3 h 59 du matin
Je suis en compagnie des plongeurs, des garçons et des filles de salle,
des patrons du restaurant
Dans lequel je travaille.
Nous sommes silencieux et nos cœurs battent

Le 21 juillet 1969 à 3 h 59 du matin
Je suis en compagnie d'un milliard d'êtres humains

Tous
Les yeux fixés sur une image noir et blanc, floue, sale, imprécise, mystérieuse
Du pied de l'enfant qui rêve sur les barreaux d'une échelle métallique.
Et qui se pose sur un sol de poussière vierge
Et une voix en anglais traduite par un commentateur dit :
« C'est un petit pas pour l'homme
mais un bond de géant pour l'humanité… »

Il parlait peut-être du fait que l'on regardait tous la télé.

Neil Armstrong qui n'est pas un trompettiste noir
Remet sa carte de crédit dans son portefeuille
et range ses courses dans le coffre de sa voiture

Il va faire une sieste.
Il va rêver qu'il vole dans le ciel de Corée
Et se réveiller les yeux humides
Avec des questions sans réponses
Et des images de corps éparpillés par le souffle des bombes qu'il a lancées.

Il y a des enfants qui rêvent
Il y a des enfants qui rêvent
Il y a des enfants qui rêvent

… Qu'il serait bon de n'envoyer dans les fusées que des poètes !

didier feldmann

CENT MORCEAUX

Elle est là. Là sur l'affiche du métro. Elle est encore là. Pour quelques instants. Quelques fragments de vision. Entrecoupée par les passants. Qui obstruent mon regard. Par intermittence. Pointillé de vision. L'homme pose son échelle sur l'affiche. Il est l'employé de l'afficheur. Trop de papier. Trop de photos. Trop de mots. Trop de couleurs. Il va. Il va nettoyer le panneau publicitaire. Faire peau neuve à la vision. Faire un espace neuf. Aux regards des gens. Qui passent. Repassent. Flot continu de regards. Qui enlacent une dernière fois, le corps fin et doux de la Belle. Qui caressent encore, de leurs yeux. Le chapeau rouge. En forme de cœur. En forme de corps.

L'homme est armé d'un couteau. Il gratte le papier. En décolle une mince couche. Un frêle morceau. D'un geste habituel, il saisit cette blessure, et la tire. D'un geste précis. Il déchire le corps de la Belle. Le chapeau rouge est cassé. Le cœur est coupé. En deux. Bruit déchirure, dans le silence des gens qui passent. Qui regardent. Tomber le morceau de l'affiche. Tomber sur le sol noir. Tache rouge du cœur sur le noir du sol. Que les pieds évitent. L'homme continue son travail. Figure nouvelle du supplice chinois des « Cent Morceaux ». L'obsédante image de Georges Bataille. Larmes d'Eros postmodernes. Qui coulent sur les affiches. De la Belle des Galeries Lafayette. Au corps maintenant dépecé.

L'homme continue son travail. A ses pieds s'amoncellent les fragments, les morceaux, les coupures. Du corps noir filiforme. Erotique. L'homme descend de son échelle. Prestement. Il connaît ses gestes. Il est professionnel. Son temps est balisé. Il pousse du pied les fragments épars. Il est professionnel. D'un geste efficace il regroupe, de ses mains les morceaux. Les enroule. D'un geste fort. Car le papier, les mots, les images résistent. Agonisent. Il les lie d'une ficelle. Et les achève en les écrasant, savamment, de son pied. Il ramasse le corps de papier de la Belle. Et s'en va le porter plus loin. Plus loin de mes yeux.

Sur l'endroit où elle vivait. Il ne reste qu'un patchwork de mots tronqués. De morceaux d'images. De taches de couleur. Des taches de mots. Et là. En haut. Son regard est resté. Epargné. Il me regarde. La rame de métro. Découpe ma vision. Bruit, rumeur du wagon. Par la fenêtre, nous nous regardons. Nous nous éloignons. Loin de l'autre. Tunnel noir. Obscur. En moi. Persistance rétinienne. De la Belle.

didier feldmann

24 PARIS

Il est 1 heure
Paris Tourisme s'encanaille sévère
Au Moulin-Rouge ou aux Folies-Bergère

Il est 2 heures
Paris Putain baise à mort
Tire un coup vite fait sans amour ni remords

Il est 3 heures
Paris Branché s'éclate dans les boîtes
Et transpire de désir dans sa nuit moite

Il est 4 heures
Paris Freud plane sur la ville
Nos rêves ne se rencontrent pas et restent donc infertiles

Il est 5 heures
Paris Dutronc va se coucher
Ce con, il a de la chance de ne pas aller bosser

Il est 6 heures
Paris Banlieue se lève déjà exténué
Bus, RER, métro c'est la complainte des exploités

Il est 7 heures
Paris Ménilmontant s'affaire
Mardi, c'est le jour du marché, celui des bonnes affaires

Il est 8 heures
Paris Métro s'entasse pour aller au boulot
Dans la foule fatiguée seule brille la faïence des carreaux

Il est 9 heures
Paris Voiture pollue, tout est bloqué
Sur le périph, seules les motos peuvent rouler

Il est 10 heures
Paris Internet relève ses mails
Ça surfe sur la toile où tout s'emmêle

Il est 11 heures
Paris Police contrôle des sans-papiers
La France est une terre de liberté, mais faut une pièce d'identité

Il est 12 heures
Paris Jet-Set brunche tranquille
Et prépare peinard son week-end à Deauville

Il est 13 heures
Paris Sandwich avale son déjeuner
En moins d'une heure et sans même aller au café

Il est 14 heures
Paris Shopping fait le plein
Le royaume de la marchandise s'étale sans fin

Il est 15 heures
Paris Pluie tombe sur les pavés
C'est gris, c'est froid les regards délavés

Il est 16 heures
Paris Maîtresse s'offre ni vu, ni connu
Une heure d'étrange amour mis à nu

Il est 17 heures
Paris Bourse clôt ses cours
Les traders sont fatigués et rentrent en Porsche sans détour

Il est 18 heures
Paris Kiosque vend des journaux
Pour faire des mots croisés dans le métro

Il est 19 heures
Paris Cadre prend son ordinateur portable
Pour continuer de bosser après être passé à table

Il est 20 heures
Paris JT débite ses informations
Ça bavasse sur la météo et la guerre avec compassion

Il est 21 heures
Paris Enfant va se coucher
Car demain c'est l'école et après-demain le travail salarié

Il est 22 heures
Paris Lucioles démarre une slam session
C'est de la poésie, de la vraie, sans fard ni concession

Il est 23 heures
Paris Couple s'endort tristement
Sans caresses, ni baisers comme avant eux leurs parents

Il est 24 heures
Paris Unica me téléphone
Sa voix douce me réconforte et dans mon cœur résonne

Il est 25 heures
Paris Paris j'aimerais que tes heures durent encore
Pour te parcourir et te vivre sans temps mort

khalid tâ-ib

CONDAMNÉ

Si ces mots te parviennent toi ou toi mon ami, mes bourreaux auront donc eu raison de ma vie. Coupable d'être vivant, je mourrai innocent, souriant, peut-être conscient qui sait ? Que sais-je ? Peu de choses, si, une seule, la cause pour laquelle je suis ici. Ainsi, qui court peut, et moi, pourrai-je ? Coupable d'être lucide, capable d'être cupide, je pars aveuglé en eau vive par-dessus le prestige anéantir la mainmise afin que l'on revive. Ensemble, même séparés, entre nous, combien se sont déjà égarés ? Et à quoi bon partir sans espoir de revenir frais ? Il se peut que cela ne serve à rien, ne laissons pas l'intégrité existentielle en subir les frais assez cher payée par le factage du sang dans nos chers pays, alignez-vous en rang que l'on puisse dresser les pelotons d'exploitation, souriez, vous êtes ciblés. Moi, j'ai grimacé. Puis d'un verbe acéré je les ai criblés, eux m'ont emprisonné, finement lacéré, la logique fut respectée. Condamné hébété, je pars conscient c'est sûr loin de la vénalité de ces hommes impurs. Frappé par la mathème pour n'être que critique, pour ma vie de bohème monomane non hérétique.

AAAAAAAAAAAAAAAAAAAAAAAAHHHHHHHHH !!! J'insulte la cour et tous ses hommes de tête que j'aimerais voir décapités confondus au tribunal des bêtes. Je crie à ceux du temple qui ont sali mon nom. Les vents de la tempête ont purifié la moisson. Mais qui êtes-vous juges aliénés à la panse opulente ? Etres défaits, synode méticuleux d'avocats de l'imparfait, savants sans savoir, intellectuels pervers, avançons dans le noir je ne crains plus l'hiver. Je vous alloue ma chaire mes chers très chers à vos yeux pour vos goûts amers. Moi, c'est avec grâce et honneur que je prends congé de votre scélératesse, que le verdict s'abatte sans délicatesse. Je ne veux nul être pour me tendre la main, point de langues acérées ni mauvais voisins. Enfin plus de ces sourires de gala d'aménités dont les fruits donnent un mauvais vin.

Ehhhh oui ! Certains maîtrisent le verbe puis se jouent des hommes, donc on adjoint sur scène, on ne partage pas l'éloge. Mais, que sont ces bruits ? Du bétail se rapproche ? Maintenant j'entends quoi ? En joue ! En joue ? Mais de qui se joue-t-on ? En ce jour, ne suis-je pas venu que pour témoigner ?
Feuuuu !!!

khalid tâ-ib

JE CHERCHE LA LUMIÈRE

Allongé sur le lit de ma torpeur au fond de ma forêt : « ENCHANTÉ ». A l'ombre du bois d'aubiers j'entends le chant d'oiseaux pieux loin des hommes de l'ennui. Et j'aperçois parfois des reflets qui tressent en dépit de l'envie un toit. J't'en parle à toi parce que les yeux grands ouverts je cherche la lumière. Et à ton avis, face à qui j'y verrais plus clair ? Mes ennemis ? Non. Eux ne reflètent rien j'aime la profondeur et j'y vois bien la nuit. Souviens-toi, j'suis juste en veille, pas endormi. J'attends le jour qui « chlasse » l'ennui avant de fuir cet endroit mal éclairé, tu sais ! Je viens de l'autre tombe celle où les vivants sont mort-nés déambulent dans des zones mortuaires bétonnées et prends ton air étonné comme disait l'autre : « Tout cela s'passe sous ton nez.» Extra-muros, Los Aubios, protégez les gosses et fuir ces cages d'escalier. Mettre les voiles voilà c'est ça. Elles broient du jour à tire-de-rêves mais n'attirent pas la clarté. Ici les saisons, c'est les ampoules qui les font. On encaisse les claques de l'interrupteur qui dit clic j't'allume clac j't'éteins, y a pas d'époque pour que se forme la glace dans nos blocs. Le déclic pour qu'on s'en sorte c'est on pique les loupiotes et on fuit la fosse commune, creusée pour les morts et les « sert à rien ». Pas d'espoir aux alentours et pour l'amour c'est trottoir. Tu sais chez nous l'Aurore, c'est la voisine du 12 et l'Aube, celle du 8. Eeeuh… A moins que ce soit le contraire. Bref, j'ai un trou peu importe. L'important c'est l'heure à laquelle tu te trouves dans la zone maudite, le clapier, où les pubs murales sur nos glaçons sans gêne s'affichent. Evidemment qu'on a vu écrit : Ici le larcin coûte pas cher. Perdu au bout de ton monde en friche, nos âmes en jachère, j'achète pas et j'laboure ailleurs. Même si je sais que là-bas aussi la démocratie c'est cette vieille pute très luxe pour des raclures trop rustres n'espérant surtout pas nous voir hors des territoires non occupés par le savoir. Mais moi j'm'aventure loin de nos frontières obscures, zones de tombes sur lesquelles pousse la mauvaise herbe c'est ça n'est-ce pas ? Mais dis-moi, qui inonde le terroir de sang ? Trop de gens respirent ce sermon et ça n'sent pas l'espoir. Mais j'y vais, je cherche la lumière et à l'avenir non avenant je chie sur les grandes avenues et j'camperai pas place des souvenirs, même si mon passé n'est pas de ceux qui se laissent derrière me crachant sans cesse en face des hier sans fin où le futur se situe juste après le tourment, dans l'impasse. Certes me voilà exténué mais j'te l'dis tant que j'suis pas mort, y a pas d'histoire, c'est qu'du passé. Je reste sombre, fils de cette obscure cité mais qui sait que du néant vient la vie ? Alors dis à la vie à la mort dis après la mort la vie, moi je n'ai plus peur. Je deviens avide d'êtres qui seraient emplis de savoir moi l'être si peu connaisseur et y aura pas de retour en arrière, je fonce droit maintenant, je cherche la lumière de deux mains qui se rendent compte mais sans frappe, tout est écrit pas su et surtout pas dit. Se joignant, elles signent en notre faveur afin que cela nous soit enseigné au dessus de ceux qui diffèrent. Et voilà que l'astre brûle de ses rayons l'épais voile du mensonge. Lueur après lueur j'atteindrai le tabernacle des lumières et le fruit de mon labeur sera la mort du faux discours, des gouttes d'or devenues sueur. Maintenant je sais, j'entends la voix qui dit : « Le soleil se lève aussi sur les ghettos du cœur ». Alors de ton cimetière aux beaux jardins, cherche la lumière.

chantal carbon

GUERR-IR

Les artères de la ville charrient des flots rouges,
Croisés au quotidien dans une paix fragile.
De loin, ils s'exilent pour mourir ici,
Où le bonheur devient gris.
Chaque jour ils bâtissent des forteresses de verre.
Tandis que des tours s'effondrent sur les écrans,
Dans le doute il pleut des cadavres.
Cachés dans les volutes toxiques,
Le mensonge distille ses raisons.
L'histoire s'écrit avec une bombe H.
Des colonnes blindées, des avions et des informations.
Toujours le même refrain.
Prendre parti ne nous avance à rien.
Puisque tout recommence, comme les saisons.
L'automne des combats, l'hiver de la peur, le printemps de la paix,
et l'été pour les naissances.
Des innocents meurent et les autres aussi puisqu'ils ont voulu se battre.
Faire briller les bombes à fragmentation en exécutant les otages.
Expérimentation animale sur des fractions dissidentes.
Nous inhalons des gaz neurotoxiques.
Pour me protéger, j'ai adopté une arme bactériologique.
L'avenir nucléaire dessine un écosystème mutant pour nos villes cercueils.
Nous sommes lancés à pleine vitesse, on ne freinera plus la machine maintenant.
Il est beaucoup trop tard…

Les satellites veillent sur nous, missiles air-sol radioguidés,
les téléphones attentifs remplissent les formulaires administratifs.
Les réseaux d'armement épousent les industries lourdes.
On gagne des objets chimiques,
on porte des fringues de marque pour être reconnus par le public.
Cette fois, on ne s'en sort pas, c'est trop tard.
Balade en ville sous le soleil.
Les baleines chantent au fond des mers.
Nos horizons sont infinis,
Vous mentez et vous perdrez.
Les citadelles d'acier rouillent, le temps passe.
Balade en ville sous le soleil.
Tant que durera le monde,
Etendu sous mille soleils.
Au-delà de l'espace et du temps,
Nous sommes des ignorants.
Au lever des brumes resplendissantes
Nous serons là
Par-delà les sévices artificiels
Nous restons le cœur et la voix
Les guerres de surface ne nous intéressent pas.

chantal carbon

COLOGNE

J'affirme que mes racines poussent entre les pierres
Jusqu'au centre exact des nébuleuses urbaines
J'affirme ne pas avoir d'ennemis
Car tous sont mes frères
Et toutes sont mes sœurs
Même si parfois nous sommes dans l'erreur
Qui est nôtre, chaque jour d'imperfection que Dieu crée
Et il faut bien admettre que c'est ainsi
C'est ainsi que nous vivons
Que nous aimons et doutons
Embarqués dans des conflits
J'aligne pourtant des lignes de poésie bohème
Au fond d'une caravane abandonnée
Où nichent des guêpes
Dans une étape musicale
Sur le chemin ivrogne de l'art
Qui ne mène nulle part.
Car nous marchons au centre, toujours.
Même dans nos errances taciturnes
Où nos mains se croisent comme des cours de solfège
Où la Jamaïque parle d'anciens arpèges
Où les trésors engloutis font naufrage sur des berges boueuses
J'abandonne à la lune mes derniers reflets
Et la lutte pour des raisons confinées
Libérant mon corps qui exprime d'étranges motivations

Allant vers toi aussi et vers les autres comme des amis
Comme une patrie secondaire au cœur de Paris
J'habite un labyrinthe nébuleux qui s'étiole en
Franges étoilées et je deviens le centre
Au cœur du mouvement des tourbillons de lune
Poussières agrémentées dans la chaleur
Nous avançons, vivants, nous avançons…
Bénis par la chaleur de l'été, insouciants, enfin…
Délivrés des prochaines guerres et des menaces qui pèsent sur nos nerfs
Comme autant d'incertitudes mathématiques
Rivales étrangères
Fastes et luxes galactiques
Pour des ermites apprivoisés
Nous sommes cobayes d'un nouveau jeu
Où le cataclysme est un enjeu aux fureurs noires
Nous aimons le désespoir, l'ombre et le soleil
Nous sortons des caves
Comme abîmés par la lumière
Rescapés des massacres internes
Et des purifications éthiques
Enfin vacillants et sereins
Enfin éteints, enfin atteints.
Comme des objectifs infinis
Nous sommes la limite, le jeu et l'enjeu.
Nous marchons dans les cases
Nous implorons le soleil sur les dalles de béton
Cachés dans les feuillages quand passe la police
Qui contrôle les cartes de pensée
Nous dévions les programmes
Nous sommes les percepteurs du temps.

chantal carbon

LE THÉÂTRE DES OPÉRATIONS

Dans le théâtre des opérations, vous êtes les pions.
Nous nous donnons en spectacle, dans une assemblée vulgaire.
Des exhibitions médiocres pour l'art de plaire.
Un simulacre grotesque de sentiments partagés.
La qualité disparaît au profit du pittoresque.
Le public avide de sensations et la perte du sens.
Les émotions se diluent.
Dans le théâtre des opérations,
Le monde s'effondre lentement, imitation de lui-même,
Restent les provocations, gesticulations pathétiques.
Le reflet d'un monde en somme,
Le reflet de nous-mêmes,
Des singes savants pris à leurs jeux.
La vie n'a pas plus de sens que ça.
C'est pourquoi les bombardiers s'envolent comme des colombes métalliques.
La mort survole, nous sommes des assassins,
Triste consolation pour nos délires enfantins.

Nous sommes les marionnettes,
Dans le théâtre des opérations.
Nous lançons l'offensive des scalpels attentifs.
Analyse des réactions, comme profil type.

Dissection des situations et manipulation.
Le camp d'entraînement.
Une représentation médiocre,
C'est de là que nous partons, sans savoir où nous allons.
La dissolution des âmes dans des solutions faciles.
Le vide citadin, nous aussi absorbés par les frontières troubles,
Enchaînés aux désirs : gloire, sexe, mort…
Piètres acteurs d'une piètre comédie :
La tragédie sur terre.
C'est pourtant là que se jouent les avenirs,
Dans des lieux insipides, dénués de profondeur.
Dans des foules apathiques, aux multiples visages,
C'est là que nous opérons.
Toujours en danger de naufrage, sur ces rivages insalubres,
Nous naviguons à vue, sur le fil de nos lames.
Chirurgiens des âmes, c'est là que nous opérons.
Ces jeux deviennent des lignes de vie.
Rien de sérieux : des objectifs, des combats, des cibles…
Stratégies variables pour désorienter,
Discours accessibles aux formes tourmentées.
Un jeu en vérité auquel vous allez jouer.
L'ambition du plus fort comme musique de chambre,
Tisse de si belles camisoles émotionnelles.

Un jeu grandeur réel…
Vous êtes le théâtre de mes opérations.

chantal carbon

EXTRÊME

Je suis extrêmement semblable à moi-même.
Je ressemble à la machine. Sans peur, ni doute, sans désir, ni avidité.
Plus d'obligation. Je laisse l'écran allumé. Je ne sors plus, je me ressource.
J'échappe au chaos. Devenir extrêmement semblable à la machine.
Débarrassée des résidus émotionnels, une ligne épurée des faux sentiments.
J'applique les actes nécessaires avec patience et efficacité.
Les faiblesses humaines comme données numériques,
j'optimise le potentiel d'action.
Il est extrêmement possible de devenir semblable aux machines qui sont à notre image. Je suis l'enfant-parent d'un orgasme électronique. La peur insufflée comme donnée aléatoire sur l'échiquier. La souffrance, un paramètre.
Le plaisir, un objectif. La machine sert et obéit.
Je suis l'enfant-Dieu programmé pour aimer.
La machine est mon amie, extrêmement semblable à moi-même.
Elle m'exprime, en mots, images et sons. Elle reproduit les textures, achemine les messages. Je suis l'extension mobile, en mission parmi vous, un périphérique surdoué. Je recrute, je rechute.
J'obéis à la machine qui ressemble extrêmement à mon amie.
Je suis l'avenir symbiotique, la conduite automatique.
Je suis le neurotransmetteur. Je n'éteins plus la machine.
L'écran veille sur moi, ouvert sur les sous-programmes de la réalité.
Connexion intermittente au flot des absents qui s'éloignent.
Volupté croissante de l'anesthésie.
Je suis semblable aux amis qui me ressemblent.

Etendre l'information sur plusieurs niveaux.
Isolée dans la toile civile, agir selon des schémas stratégiques.
La machine est extrêmement semblable au moi qui me ressemble.
Nous sommes maintenant les nerfs délicats qui puisent l'énergie nécessaire à la reproduction. Etendre sans cesse, contacter, implanter.
Les ramifications progressent inlassablement.
Contourner les obstacles, suggérer, modifier. Créer les conditions favorables.
Optimum.
Mon amie est extrêmement semblable à la machine qui me ressemble.
Parfois une sorte de souvenir effleure le moi, comme un regret de choses autres, de contacts charnels.
Mais il est sans doute trop tard. Déjà j'oublie ces questions sans importance.
Ressemble aux semblables amis extrêmes.
Répliques logiques en trames successives.
Ordres progressant selon structures quantiques, modifiables.
Résultat : domination. Lois vitales transposées aux organismes mutants.
Transmission des facteurs résiduels.
Traitement symétrique des déperditions.
Connexion aux nodules en expansion.
Extrême machine amie semblable.

PROGRAMME ACTIF.

Limpide et assemblée, sur la voie de la sérénité.
Je suis extrêmement semblable à moi-même.

ucoc lai

MENU

Allons enfants qui bouffent du riz
Le jour des pâtes est arrivé

La première fois
Que j'ai mangé
Pour la première fois
Un repas français

C'était dans l'avion
Qui me transportait
Des rives du Mékong
Aux rives de la Paix

Y avait comme entrée
Des endives vinaigrette
Fallait voir la tête
Que je faisais

A la première bouchée
Ce goût acide amer
A tout relâché
L'ensemble de mes nerfs

Petit à petit
J'ai continué
Sans trop d'appétit
Les plats ont diminué

J'avais bien du mal
Mais fallait se sustenter
De ce repas frugal
J'ai tout avalé

A l'intérieur de ma bouche
Cette gastronomie
Me faisait l'effet d'une douche
De l'infamie

Allons enfants qui bouffent du riz
Le jour des pâtes est arrivé

Dans mon plateau repas
Des pâtes à la Carbonara
Comme principal plat
Que l'on servait ce jour-là

Allons enfants qui bouffent du riz
Le jour des pâtes est arrivé

C'était bien ce jour aussi
Qu'un simple repas
M'éloigne de l'Asie
Et de l'amour de mon papa

Allons enfants qui bouffent du riz
Le jour des pâtes est arrivé

Fromage ou dessert
J'avais droit aux deux
Pour avaler le camembert
Mi-coulant mi-crémeux

J'ai trouvé une alternative
En bouchant le nez
C'était une esquive
Pour l'ingurgiter

Le dîner s'achevait
Par une pomme avalée
Puis j'étais bien placé
Devant le film projeté
C'était un film français
Qui était diffusé
Un moment je voyais
L'héroïne se déambuler
Dans un espèce de palais
Et je m'y voyais

Dans une réalité de rêve
Quelque part en France
Marquant une trêve
A mes souffrances

ucoc lai

LARMES DE FEU

Si délicates larmes de feu
Dans la dentelle d'un champignon mortel.
Les lèvres posées sur ce baiser du temps qui brûle
Peu importe les ombres sur les murs
Là où jadis ils vivaient.
L'amour nous emportera. Toujours.

Et au cœur du silence de cet instant hermaphrodite
Là où meurent tous les bruits et tous les beats
On croit voir dans une extrême jouissance
Après de longues périodes de souffrance
Jaillir des corps suppliciés des larmes de feu
Sortant des entrailles volcaniques des amoureux

Nos mots se répètent, inlassables,
Incassables sur les pierres de l'Histoire,
Pourtant ce soir j'ai envie de toi.
Les effluves des derniers volcans s'éteignent en paix,
L'aurore peut enfin se lever,
Sur un monde qui a tout oublié.

Or nous sommes seuls toi et moi à retenir les blessures
De ces mots doux laissés comme des morsures
Au pied des pierres de nos histoires de fesses

Y a eu tant et tant et tant de promesses
Qui s'évaporent comme la fumée d'un vieux fer à repasser
Que l'on a souvent aspirée sous les oreillers

Toutes ces entailles nocturnes dans la guerre qui passe
Et blesse lentement, corrosive.
Tous ces chants du jour aux levers de brume
Quand s'évaporent les gouttes de l'amour
Et qu'enfin nous acceptons
Acceptons de tout laisser
Y compris nos rêves brisés
Acceptons d'être cassés, quittés, oubliés,
Et de regarder à nouveau naître le soleil.

Source de vie à la source de la création
Source d'espoir à toutes formes d'imagination
Il est là parmi une constellation de ses frères
Grouillant sur le Styx à n'avoir plus de repères
Mais au bout il sera seul à traverser la dentelle
Du champignon mortel de la belle

Mais au bout de tout
Nous sommes, ne serons jamais seuls.
Traverserons toujours
Les flammes immobiles.
Rêvant toujours plus loin,
Aux lumières interdites.
Rêvant toujours plus loin…

Jusqu'à ce que les ombres sur les murs
Posent sur les rêves leurs armures
J'ai menti sur mon passé
En étirant ou en embellissant les souvenirs
J'ai menti
En faisant des ratures sur des mots venant spontanément
noircir les pages de mon cahier
J'ai menti de toutes les manières possibles
En traduisant en français mes rêves
J'ai menti
J'ai menti à ne pas retirer moins UN à l'infini
J'ai menti à moi-même à mon reflet
Face à ma naissance
Face à ma mort
J'ai menti
En versant des larmes de feu

J'ai menti en prétendant souffrir
J'ai menti à aimer l'infini
Puis je suis simplement redevenue moi-même
Luttant chaque jour pour accepter la vérité
Il n'y a plus de peur
Il n'y a pas de doute
Il n'y a plus que nous
Marchant sur cette route

(avec Chantal Carbon)

ucoc lai

LOUVRE

Improvisation

- Hymne... suggérer ma naissance dans un pays lointain...
- « Etranger chez soi »
- Toni Morisson
- « Scènes des massacres de Scio » :
familles grecques attendant la mort ou l'esclavage...
- Mise en scène du tableau
- Isoler la partie – la femme et l'enfant – ...
- s'introduire dans cette partie... parler de mon vécu...
parler de ce qui me concerne...

Moi et l'enfant sur cette grande toile
On se ressemble comme deux étoiles
Notre destin débutait dans l'obscurité
Et connut tant et tant d'atrocités
Mais l'innocence ne perd pas le nord
On se retrouve lui et moi au Louvre
Face à l'Histoire... il la ferme... moi je l'ouvre

J'ouvre ici une parenthèse... sais-tu toi... toi ou toi ? Pourquoi moi je suis ICI, dans ton pays ? Qui est devenu le mien !
Quelques-uns d'entre vous me font ressentir que je suis ÉTRANGER...
je suis ici ou là-bas, au regard des autres, un « étranger »... ÉTRANGER ...

Entre la toile et ce que moi j'avais connu
Entre moi et cet enfant nu
Entre les Khmers et les Khmers les Turcs et les Grecs
Les massacres traversent les siècles

Entre un peuple et son voisin
Entre les bas-ventres et les seins
Entre la maman et l'enfant
On massacre des innocents

Entre les bourses déliées et la femme liée
Entre les gisants et les cavaliers
Entre ciel et terre
On massacre c'est la guerre

Entre là-bas et ailleurs
Entre la toile blanche et la couleur
Entre les victimes et les bourreaux
Il a peint les « *Massacres de Scio* »

Entre la vie et le cauchemar
Entre l'homme et l'homme de l'art
Entre la réalité et l'interprétation
Les massacres dépassent la fiction

Entre les musulmans et les orthodoxes
Entre les croyances et les paradoxes
Entre la douleur et la jouissance
On massacre dans l'indifférence

Entre la peinture et l'écriture
Entre les Khmers rouges et la déconfiture
Entre Delacroix et moi
Les massacres tachent nos doigts

Entre l'oubli et la poésie
Entre les gens couchés ou assis
Entre les turbans et les kramas
Les massacres dressent leurs mâts

Entre le passé et le futur
Entre l'érotisme et la torture
Entre Emmanuelle et les bombes
On massacre le temps dans sa tombe

(Quand j'étais dans le ventre de ma mère
Ces débiles n'ont pas trouvé mieux à faire
Que de larguer plus de bombes sur mon pays
Qu'au Viêtnam voisin leur ennemi
Naguère où je tétais encore ma mère
Dans cette région lointaine tropicale
Il y avait des « fon-bous » soldats khmers
Qui se sapaient comme des trou-de-balles
C'était au commencement de ma vie
Il y avait un ex-roi un nabot pourri
Qui s'est fait éjecter par un militaire
Soutenu par des « tard-bas » amerloques
Le « del-bor » débutait sur cette terre
Notre nouveau schtroumpf portait des frocs
Et des rangers trop chauds à la mode G.I.

Mon peuple se déchirait dans la pagaille
C'était à l'époque des « flower-power »
En plein merdier des Nixon-Hoover
Il y avait *Emmanuelle* dans les cinoches
Des actualités débridées à la téloche
Aujourd'hui on zappe sur la Star-Ac
Eux ils bombardent *a capella* sur l'Irak
Afghanistan tapez 1 Irak tapez 2
USA tape les deux tape où il veut
A quand la capture de Ben que faire de l'As de pique
Now ils placent à tous les niveaux des jokers sadiques
Qui marchandent pour eux des rapports haineux
Auto génocide y'a pas pire y'a pas mieux)

La femme... en bas du tableau à droite... elle serre les poings... elle veut vivre... coûte que coûte... survivre à ce massacre... elle... elle... elle veut vivre... elle... elle veut vivre c'est tout... c'est tout ce qui compte... ne pas se laisser abattre par tant de souffrances... tant qu'elle a de la force... le combat n'est pas terminé... personne ne peut l'aider... elle est seule face à la mort... même la vie l'essouffle... c'est plus fort qu'elle... elle veut vivre... « Etranger chez soi »... elle... elle est étrangère... à elle-même... dans cet instant éphémère... dans cette volonté de vivre... dans son esprit et dans son corps... la douleur rend cette femme... étrangère à son esprit et à son corps...

Je suis chez moi
N'importe où

Je suis chez moi
Là où j'ai su être en paix...

éric cartier

AGRAFE

Il vient juste de s'écorcher le doigt avec une agrafe du cahier, ça saigne à gros débit, il a vraiment la rage et crie de l'encre noire. S'il le pouvait, il tremperait directement son doigt dans l'encre noire du fond de sa gorge, mais ses ongles sont très longs et forcément il se grifferait la glotte au passage. Il réfléchit donc à un moyen plus pertinent de se procurer de quoi écrier sa rage de s'être estropié de la sorte. Ça bouillonne pourtant de plus en plus, il tourne en rond dans son encrier vide, il fait cent pas, puis il fait cent pas, puis il fait cent pas. Les cent pas dans l'encrier faits, il passe au cendrier, et l'encre noire du fond de sa gorge s'épaissit encore un peu plus, puis un peu plus, puis un peu plus. De sorte que l'encre noire du fond de sa gorge ne peut pas durcir plus, il s'étouffe, et ça l'énerve encore plus, il se met à cavaler comme un fou au fond du cendrier, tant pis pour lui direz-vous, oui tant pis pour lui, bien que lui à ce moment précis, pense tout à fait le contraire. Normal, direz-vous, oui normal.

Alors il se met à gueuler comme un dératisé, s'il le pouvait, il gueulerait comme ça pendant des années, mais il a bien trop peur d'abîmer l'encre noire du fond de sa gorge. Il a surtout très peur que ça fasse mal, puis il se dit que gueuler pendant des années ce n'est pas raisonnable. Alors il continue à s'étouffer, ça l'énerve. Et de toute façon l'encre noire au fond de la gorge, ça n'existe pas.

Il s'est juste écorché le doigt avec une agrafe du cahier et le gros débit constaté n'est rien qu'une perle, il a mal, il suce un peu son sang, une petite désinfection, rien de bien méchant, demain il n'y paraîtra plus. Se rendant compte qu'il s'est énervé pour rien, il sourit et demande à son cendrier de lui préparer le repas qu'il prendra en compagnie de son encrier puis comme tous les soirs, il va dans son lit rejoindre la belle encre noire qui l'attend là.

éric cartier

ET SI DEMAIN

Ben alors tu dis quoi ?
Pour faire court
Je vais faire part
Tous ces faire-valoir
Ou c'est juste pour faire chier
Atrophié
Tu t'es fié
Tu t'es méfié
A trop s'y fier
A trop citer
Sous les cités, sur les cités,
Les télés, qui suscitent la cécité
Juste un mot sur le malaise des banlieues
Mais dites-moi, quand on fait un malaise
C'est la Croix-Rouge qui intervient ou c'est des
cordons-bleus balèzes ?
Glaise, terre glaise,
Dans la glaise, enlisé, un petit mec avec sa tête de sar,
se prend les pieds dans la falaise
Facétie et foutaise laissant bien sur le paysage de braise
A vrai dire, aviaire dit
Faites place, civile, froide, bactériologique des nerfs,
Faites place
Faites place nette

Faites place au net
Faites place aux honnêtes
L'honnête place du net
Est-il honnête de penser au net
Recul de l'honnêteté si utile fût-il
Le net futile, ou fut-il honnête de rendre le net utile
Les démentis des nantis si nantis soient-ils
Si déments soient-ils
Et si demain, soit le soleil
Et si demain, soit les étoiles
Et si demain.

éric cartier

QUAI N° 5 VOIE A

A l'arrivée des regards se tournent, se détournent. Détournement des voies impossible, aiguillage impossible, aucun changement de direction, comme guidé, roule à moi cliquetis, ferraille, masse métallique. Sans défaillir malgré l'impatience et le liquide ambré de l'impatient, impassible à la cohue, aux chocs de la foule. L'ambréine coule comme le serpent métallique roule comme la vie embellie s'écoule. Propulsé juste devant le monstre de fer, l'air ainsi déplacé est d'une infinie fraîcheur. L'odeur des retrouvailles remplit les narines, le cerveau, le gouvernail de la douce caresse. L'idée majeure de la peau moite que je caresse. L'espoir. L'aiguillage mille fois touché, testé, huilé, bichonné que je caresse. L'idée d'une perle soudée que je caresse. Un aller simple sans correspondance, juste correspondre, juste te correspondre. A la main, verte tige et senteur jaune vive, vertige, apesanteur, confiance en mon récif. Passant devant les non-passants aux sourires rouge sang. Une soupe chaude à la main dans un gobelet en plastique mou, jetant des bouts de pain vieux à des chiens sans même les os sous la peau.

Assis sur le quai, touchant les rails du bout du pied, pour vérifier si tu as bien emprunté le bon chemin, pour voir si tu chemines bien vers mon bouquet, je sens le métal vibrer de toi, je me sens vibrer de toi. Tu remarques mon présent, tu deviens mon présent. Dans mes bras maigres et tremblants, tu te perds, tu fermes mes yeux, deux bretelles, une paire de corridors carrelés de plastique à ergots, du fer contre le fer nous passons au caoutchouc contre le goudron et filons ensemble le sourire montant jusqu'à la racine de nos cheveux.

SAINTE VALENTINE

Je veux me rouler dans la boue
Des réputations qu'on évite
Sucer jusqu'à saigner des g'noux
Pour chercher d'l'amour en pépite

Je veux être une femme à soldats
Toute la marine me la faire
La vie sans l'amour ça s'rait quoi
Sans la douceur d'un bras de mer

Je veux des bouquets d'godemichets
Manier le complément d'objet
Et des jets d'amour sur mes joues
Pour trouver les larmes à mon goût

J'veux d'la tendresse dans les partouzes
Et des partouzes de cœurs humains
Des preuves d'amour qui coûtent du flouze
La cagnotte d'la Saint-Valentin

J'veux une résidence secondaire
Au bout de la rue des Branleurs
Voir l'amour dessiner l'hiver
Sur ma fenêtre comme des p'tites fleurs

Je veux des morsures et des bleus
Pour ne pas perdre la mémoire
Le fil du discours amoureux
Le premier v'nu l'dernier qui part

Je veux lécher toutes les âmes
Tombées des rêves entre des cuisses
Aimer les hommes aimer leurs femmes
L'amour ça bande ou bien ça glisse

J'veux un compte à la banque du sperme
Tout connaître de mes origines
Je suis venue vous dire je t'aime
L'amour vrai c'est c'que j'imagine

Je veux me changer en moulin
Pour raconter à don Quichotte
L'histoire d'l'amour chaud comme le pain
Sorti du four ou d'sa culotte

J'veux les membres de l'Académie
Les prix Goncourt et Femina
L'amour c'est pas un faux ami
Quand on appelle un chat un chat

J'veux d'la tendresse dans les partouzes
Et des partouzes de cœurs humains
Des preuves d'amour qui coûtent du flouze
La cagnotte d'la Saint-Valentin

J'veux m'les tailler dans l'amour brut
Tous mes sentiments d'abandon
Et quand viendra la fin du rut
J'veux m'réveiller chez Cupidon

la gabin

SATURDAY NIGHT

On est sorties avec Miss Tic
Mettre not' nez un peu partouze
Des bas-fonds de l'art érotique
Au marché de l'art d'faire du flouze

En amazone on a franchi
Les jolis ponts d'la capitale
Avec Miss Tic on est sorties
A la quéquette du Saint-Graal

On a signé des contrats types
Ah la beauté de nos vieux jours
Ce que vous faites est fantastique
C'que vous m'faites aussi mon amour

C'est pas demain la veille ma sœur
Qu'on baiss'ra l'prix d'ta liberté
Que tu verras l'film en couleurs
Qu't'auras la place d'éjaculer

On s'est tapé des beaux p'tits gars
Dans les palaces et les cocktails
Rien dans la tête tout dans les bras
Mais ça changeait d'l'Etap Hôtel

On s'est tapé des primitifs
Des peintres abstraits y'en avait pas
On s'est mises au sport collectif
On s'est même envoyé son chat

On est sorties avec Miss Tic
Pour se trouver des fiançailles
Les femmes messieurs sont pragmatiques
Elles veulent des coups d'foudre en pagaille

Elle m'a dit la peinture à l'huile
Tu vois c'est pas si difficile
J'lui ai dit c'est vrai qu'ça glisse mieux
Ma parole j'en crois pas mes yeux

Aux terrasses d'Saint-Germain-des-Prés
On s'est mises à parler français
Deux T au mot bitte s'il vous plaît
Avec un gros nuage de lait

On a plumé le merle blanc
Je t'aime un peu passionnément
Et mis nos amants en orbite
Avec leurs bouquets d'marguerites

Pour nos fringues de chez Armani
Comme on n'avait pas d'portemanteau
On a empaillé son mari
C'est pratique et pis ça fait beau

Miss Tic c'est la douceur même
Elle refait le monde en sept jours
Comme dit son cousin Ben Laden
A la bombe baby c'est Beaubourg

Quand tu verras l'film en couleurs
Qu't'auras la place d'éjaculer
Les poules auront des dents ma sœur
Et les hommes une façon d'penser

Miss Tic est partie au Mali
Elle fait des pochoirs dans la jungle
Elle a retrouvé un mari
L'art nègre ça l'a rendue dingue

la gabin

VIVE LES FEMMES

Y a les bimbos y a les canons
Les boudins les tas et les thons
Oiseaux d'malheur et poules de luxe
Et celles qui respirent comme elles sucent

Les lolitas les baby dolls
Les amoureuses de la Coupole
Et les p'tites fleurs du bois d'Vincennes
Y en a pour tous les jours d'ta semaine

Y a celles qu'on viole et celles qu'on siffle
Y a celles qu'on frôle quand on les gifle
Les bonnes à rien bonnes à tout faire
Et y a même des hôtesses de l'air

Des dames pipi des filles de joie
Y a Eve Yseult et Madonna
La femme à barbe et dans chaque port
Tu trouveras la femme d'Hector

Les femmes faciles les femmes fatales
Celles qui sont pour l'orgasme anal
Les filles d'ailleurs et d'ici-bas
Celles qui sont pas celles que l'on croit

La reine de Troie la fée Clochette
Pour les gang bang y a des athlètes
Celles qui se rasent le derrière
Et les tondues des fins de guerre

Y a des mangeuses de broutilles
Des accros de tout ce qui brille
Des hommes qui sont devenus filles
Et des strip-teaseuses qui s'rhabillent

Des caissières porte des Lilas
La première qu'on tient dans ses bras
Les femmes d'affaires les femmes sandwichs
Celles qui s'attachent celles qui s'en fichent

Justine Marianne Brigitte Lahaie
Les femmes qui laissent à désirer
Et celles qui s'tracent cheveux au vent
Avec le beurre et son argent

J'en passe j'en passe et des meilleures
Bonnes à baiser bons coups mon cœur
Y a les bombes et madame Unetelle
Les thons les tas les top models
Les bonnes à rien bonnes à tout faire
Canons boudins et y a ta mère

da gobleen

L'ASILE...

Les cicatrices du passif m'ont appris à ne plus être naïf,
Insouciance grillée à vif au courant alternatif.
Un crime au sens assez relatif, fallait bien qu'j'y passe,
Devenir réactif, perspicace quand la vie te schlasse sans superlatif...
J'me croyais dague, je ne reste qu'un vulgaire canif,
Une entrée de gamme, à peine au-dessus du cutter basique.
Mon but : être créatif, et de mes défaites j'énumère la liste,
Ne crois pas que je récupère la mise, juste les dettes des plus réalistes...
Depuis tout môme, dégradé de gris sur l'écran monochrome,
L'hiver fait vite place à l'automne dans nos mégalopoles...
La mémoire dans le formol pendant que dehors les clodos dorment,
Ici l'espoir ne se lit plus qu'entre les lignes de coke et d'horoscope...
Donc fuck vos protocoles, je ne m'adresse pas qu'à mes homologues,
Y en a si peu qui coordonnent et le reste gobent tout ce qu'on leur donne.
Au mic, trop de fausses notes et en studio trop de claustrophobes,
Trop de rapeurs homophobes qui se godent devant Robocop.
Ecoute ce silence brisé, respire ce parfum de lisier,
Cette odeur d'abcès vidé, j'crois que certains se sont exprimés.
Comprends qu'on ait plus le temps de s'éterniser dans leur putain de bêtisier,
Je lâche un rire enregistré et deux rimes aseptisées :
« Hin hinhin, moi c'est Da Gobleen AKA ma grosse bite ! »
Trop de vice dans le show-biz, cogite, j'ai pas le profil.
En plus je ne suis pas scatophile et je tiens à ne pas faire de saloperies,
Donc je les laisse parler d'alcoolisme entre buveurs de camomille.

De nos jours, les narcotiques se cachent tous près du tube cathodique,
Du cœur au cerveau, speed, l'idée remonte le long de la carotide,
On te la sort en aphorismes le temps que les pâles copies agonisent,
On fera tous du cash money, mais on ne dira pas tous des tas de conneries...

L'asile...
On y finira tous un jour...
On sera tous fous en fin de parcours...
Le cœur bouffé par les vautours,
Vu le nombre de barges aux alentours,
L'asile, l'asile, l'asile...

Je ne suis ni Pavarotti ni Largo Winch, mon blaze c'est Da Gobleen,
J'ai la panoplie assortie aux rimes de pacotille...
Regard hostile, pour être raccord dans ma parodie,
Et quelques phases morbides pour amortir les drames sordides...
L'espoir s'atrophie, je ne suis plus serein sous menace atomique,
Hier j'ai pas dormi, j'pensais à ce monde, j'avais grave mal au bide.
L'avenir s'assombrit, pas juste à cause des gaz toxiques,
Franchement, j'tape pas mon vice, les perspectives s'avèrent catastrophiques.
Les majors crisent, car leurs artistes ont mal au string,
Et des avocats commis d'office en sonnerie polyphonique...
Ici, pas de travaux fixes, du taf au black et des bâtards au fisc...
Normal que les darons flippent quand leurs gosses dealent
et filent leur part aux flics...
C'est de la folie, la violence reste à son paroxysme,
Mais j'carbonise des calories car ce que je vise c'est l'harmonie.
C'est là que ça se complique car c'est toujours possible que je ne sois pas compris ;
Le diagnostic est laconique : y a personne d'inamovible...
Je ne suis plus un outsider, donc classe-moi dans tes favoris,

Mais je serai toujours loin des meilleurs car ce sont ceux qui partent trop vite…

L'asile
On y finira tous un jour…
On sera tous fous en fin de parcours…
Le cœur bouffé par les vautours,
Vu le nombre de barges aux alentours,
L'asile, l'asile, l'asile…

da gobleen

LES JEUX SONT FAITS, RIEN NE VA PLUS, MESDAMES ET MESSIEURS...

Sur des charbons ardents, la bave aux lèvres, le mors au dents,
Nervosité palpable pour tous les concurrents
Les portes vont s'ouvrir, tous le savent, ils piaffent, haletants
Et soudain, soulèvent la poussière pour être dans les temps...

Une fois l'histoire commencée, plus de retour en arrière,
C'est la guerre, le pouvoir, et de nombreux adversaires...
Haute pression, vitesse de croisière, avant le premier virage,
Eviter toute collision pour mieux montrer son vrai visage...

Bien négocier l'obstacle, c'est une question de placement,
D'abord se fondre dans la masse, et jouer des coudes discrètement...
Puis au plus fort de la ruée, donc à peu près à mi-parcours,
S'évertuer sans long discours, à huer l'élite avec la Cour...

Ainsi lancé, la ligne en vue, se déclarer pour la vertu,
Apte à sauver une course bien fade, un sprint final comme une parade...
C'est là qu'la cravache est utile, à manier avec vigueur,
Il n'y a pas de sueur futile, encore moins lorsqu'on est leader...

Les derniers mètres sont les plus durs, la chute ou la consécration,
Pour avoir les autres à l'usure, ne pas compter sur l'érosion…
La lutte est rude et souvent perdue d'avance, gare aux subterfuges,
Car seule la victoire est belle, les vaincus n'ont plus d'excuses…

Les jeux sont faits, rien ne va plus, mesdames et messieurs…

marco codjia

CLARA

Hier, je me suis endormi dans le lit d'une pute à l'est d'Eden.
J'ai laissé mon amertume et mes peines figées
dans sa couche tissée de quatre murmures.
Quatre planches d'amour et des humeurs vissées au sol
comme un tonneau trop plein.
Hier j'ai rempli mon cœur de tendresse jusqu'au fond
Une gorgée pour l'ivresse, puis sa sœur pour lui froisser le con.
Clara coule dans mes couilles,
déclare dans un flot de foutre « c'est cinquante billets ».
« Voilà pour la nuit » je lui dis
« et va pas te rhabiller, y a encore des balles dans mon barillet. »

Hier, je me suis endormi dans le lit d'une pute à l'est d'Eden.
Et j'ai une dent contre toi Clara et je crois qu'on est nombreux dans c'cas-là.
Ces escales ne me suffisent plus.
J'y ai trop perdu trop perdu, trop donné, et je n'ai plus d'honneur non plus.
Toi tu t'en fous bien de mon cœur et de peine,
Tu me traînes comme une paire de pompes trop portées
et moi j'enchaîne les déclarations avortées.
Tu es ma boîte noire, Clara, seule rescapée du crash de ma vie.
J'ai encore joui en pleurant, Clara, ce qu'il restait à cracher de ma vie.

Hier, je me suis endormi dans le lit d'une pute à l'est d'Eden.

Le cave qui ignore que nulle succube succombe par son con,
subira le chaos au-dessus de ses reins.
Considère-toi visiteur sur ce terrain.
Lèche tes doigts jusque sous l'ongle
et rappelle-toi cette robe trop longue pour ces mains.
J'ai mis mon pal en œuvre sur l'échafaud de son pieu : en vain.
J'ai pris mon mal en patience,
A défaut de ses yeux j'ai ses reins, j'essaierai encore demain.

Hier je me suis endormi dans le lit d'une pute à l'est d'Eden.
Et je me suis réveillé ici ce soir sur scène tout seul dans le déni d'moi.
J'y croyais à demi-mot.

marco codjia

CERTAINS ME DISENT

Certains me disent « moi j'vis de ma plume »
Mais moi j'ai la plume vide, un flow tendu inscrit dans un pli d'la CUB
Oublie cette pute d'usine à tubes, après la tune v'là le printemps.
Je tue le temps libre tant j'ai perdu de tant mieux.
D'envieux je passe à en vie sinon pour faire c'que j'veux il me faudra cent vies.
J'grandis sans gravir j'm'approche de l'âge de ceux qui mendient,
J'suis un dandy mais en pire j'trouve pas les bandits romantiques tant pis.
J'me vends pas et de toutes façons y a rien à voir circulez.
Agir acculé comme credo crade frérot de crevard miraculé.
J'veux m€me pas te calculer, j'ai pas d'cal aux doigts,
ma feuille blanche toujours pas maculée.
J'vise l'ego alors range tes gars.
Pas d'bedo juste quelques dégâts collatéraux sur tes collègues déjà atterrés,
J'mate tes rêves d'un seul pion,
c'est pas ta tête c'est ton croupion qu'tu vas aller terrer.
La vérité telle qu'elle te plaît, hein,
mais range vite ta belle sinon moi j'vais l'altérer.
V'là l'topo.
La poésie n'est pas pour moi une vieille connaissance.
J'lui ai toujours dit « en sortant d'mon stylo t'es une connasse de naissance ».
Une belle bourge de cœur qui s'la pète prolo.
Mon slam pue la violence alors les bobos crient « trop beau ».
Les mêmes caves qui se marrent quand devant dansent les Vogos,
Mais c'est poyo bande de bâtards, il est fini l'temps des colos.

Il faudra qu'ils comprennent que sous ce pont a coulé trop d'eau
Mais c'est trop tard ils ont ri et cette histoire sonnait trop faux.
J'ai longtemps fait vieillir ma rage dans le vin d'un tonneau.
Ecoutez-moi les cousins entonner ce vilain refrain.
C'est une tonne de rien.
Je chie sur ces clowns blancs qui n'ont d'auguste que le nom.
Petits bâtards tout blonds se branleront encore dans leur tombe oh nooooon.
Qu'ils crèvent tous un par un ces supérieurs hiérarchiques.
Transforment impunément mon équateur en frontière arctique.
J'articule bien là ?
Je chie sur cet Occident condescendant et libertaire dans le prix,
Epris de justice s'abstenir pourtant sur ta pute de brochure
c'est ça qu'j'avais compris.
Donneurs de leçons moralistes gardiens d'la laïcité,
Toxicos au CAC 40 sans tact ni pitié pitoyables.
Je chie sur ces clowns noirs qui veulent toujours pas se donner un nom,
Baissent la tête dans les couloirs,
j'me souviens déjà plus de ton prénom oh nooon.
Vas-y mais ghettoïse-toi tant que tu veux pour garder tes racines tu sais,
Ils sont égoïstes là dans le pays de Racine,
assassine-toi avant que cette pute de vie te vaccine
Contre des préjugés qu't'entretiens et qu't'as appris sous forme de maximes.
Epargne-moi la colère de te voir servile
et terni pour l'éternité pauvre Nègre abruti
Supporte pas la vue d'un pull-over mité, j'ai pitié.

Certains me disent « moi j'vis de ma plume »
Mais moi j'ai la plume vide.

nico k

BIÈRE QUI COULE N'AMASSE PAS MOUSSEUX...

Cet été, plutôt que d'aller rendre ma peau hâlée *soûlé*... cocotiers
J'ai décidé de me mettre au *verre*... à pied
Si certains apprécient CAMPARI est désert
Moi seul dans une grande ville sans vie je m'sens VIN

J'aurais pu partir à MONACO à PORTO ou même à MALIBU
Mais je me suis retiré dans un COINTREAU perdu
C'est un TROU NORMAND situé sur l'ÉTHER mais en BORDEAUX
J'aime ce genre d'endroit où on PERNOD repères

J'ai donc appelé JACK DANIEL's et JB, des vieux amis de douze ans d'âge
On aurait pu partir en *caisse*, dans leur *tire*, mais on avait peur des *bouchons*
Ou bien commander un GET privé, mais aucun n'était libre avant le 27
Et puis est-ce qu'on aurait vraiment pu se le payer en *liquide* ?
Je sais pas, dans l'histoire c'est PADDY

Mais si ton plan B échoue, un conseil : PASSOA !
On a donc pris un TGV – un peu à la BOURBON –
Mais plein d'entrain comme après quelques rails de C-RHUM
Sur de la grosse TEK PAF ! PAF ! PAF !

Bref, une fois sur place, on était pleins de PANACHE et
On montait en haut des TOURTEL Guillaume Tell et ses POMMES

« Oyez ! Oyez ! Eh yo ! Eh yo ! »
On s'égosillait comme de preux chevaliers en l'an de grass-ouillet 1664…
Pour ceux qui n'auraient pas suivi les cours, c'est la fameuse bataille de KRONENBOURG

On a *troquet* nos vieux GINS et comme des *barbares*
On s'est promenés dans les CHAMPAGNES sur le derrière
On a passé le séjour tout entier à *buller*
C'est le plaisir de sucer la LIQUEUR sur la main

Mais on s'est retrouvés complètement sur la *paille*
À force de profiter pleinement de *shaker*
Alors on est passés d'une bande de *gais* lurons
À un vulgaire groupe de jeunes SAUTERNES

Ça nous donnait mauvaise image de nous-mêmes
Comme une photo *grise* prise dans l'ennui sans *flash*
En somme je crois bien que c'est ce WHISKY
Fait que nos rapports intrin-*sèques* sont devenus de *glace*

On était tous *givrés* et paranoïaques
Agissant de façon trop biz ARMAGNAC
J'en avais ma claque de ces mecs qui RICARD
Ils préfèrent ça à pleurer ou être lu-CIDRE !

Marquez c'est moi qui les traitais de tous les noms :
« Franchement y a de l'*abus* !
Lâchez-moi la GRAPPA la fin, bande de PICON ! »
Résultat : on est rentrés trop *bourrés*… de rancœur
Car certaines relations avec le temps SUZE

Et comme je n'avais pas vraiment la *santé* !
Je suis allé *boire* un docteur qui m'a dit que je sombrais dans une dé-*pression* :

« J'ai bien étudié VODKA et je crois que vous avez mal à la *foie* !
Mais ça pourrait s'arranger avec un bon MÉDOC...
Par contre prenez-en seulement un *demi*, attention !
C'est *à consommer avec... modération* »

Toucher le fond a *millésime* à ma hauteur
Et ouvrir la bouche me fera devenir *auteur*
Mais j'ai beau déverser des *verres* et des proses
Mes vacances à l'eau-de-vie ne furent pas *cirrhose*

nico k

Q-IZ-IN
OU LA GRANDE BOUFFE

Ce matin j'avais pas trop la pêche, de l'alcool plein la poire.
Je me suis regardé dans une glace, ça m'a foutu les boules,
je me suis fait un cône et comme ab-sorbé, j'ai failli tomber dans les pommes.
Heureusement que j'avais rien bouffé : un café a suffi à me faire faire une galette...
J'suis vraiment dégueulasse !!!
Je me suis dépêché de descendre pour pas me prendre le chou avec mon petit canard en sucre, qui est genre vache de ferme et ferme ta gueule.
Résultat : j'ai poireauté presque quatre quarts d'heure
et ma poule m'a mis un putain de lapin.
C'est vraiment dégueulasse !!!
Un gros thon, pleine de graisse, faisait le tapin avec une robe rouge
et jaune à petits pois qui lui donnait l'air d'un sac à patates.
Purée ! J'avais trop les crocs
et je la dévorais quand même avec des yeux de merlan frit.
Elle m'aguiche en disant d'une voix aigre-douce :
« Allez ! Ramène ta fraise mon chou ! »
Ca m'a rappelé l'autre histoire que j'avais pas digérée.
Et puis j'pouvais bien me faire astiquer le poireau et la sauter comme un lapin,
vu que j'ai vraiment un cœur d'artichaut.
Mais, dès que je lui ai filé la maille, j'ai senti que j'allais tomber sur un os...
Et je me suis pris un gros pain dans le pif, sûrement par son salaud de maquereau.
Enfin, j'suis pas allé vérifier avec mon œil au beurre noir.
Une fois qu'on s'est fait carotte, c'est râpé !
C'est vraiment dégueulasse !!!

Je décide de me rattraper en allant voir un film un peu cochon.
Mais à peine la caissière m'a filé mon entrée pour « *la ferme de la tentation* »,
que je tombe sur ma future escalope : elle m'avait grillé...
Cette dinde me traite de gros porc, et me fout une baffe par-dessus le marché.
Je lui réponds que c'est pas ses oignons et puis que si on casse,
c'est pas la fin des haricots !
En plus, j'aime pas les planches à pain...
J'suis vraiment dégueulasse !!!
Vu que j'étais pas dans mon assiette, plutôt que de pleurer comme un veau,
je décide d'aller pécho du pavot.
Enfin, de l'herbeuu comme m'en propose un petit-beurre
avec son accent à couper au couteau :
« A ce prix-là, mon gars, t'auras même de la coco... passe-moi le blé,
attends-moi là j'reviens t'suite... »
C'est là que j'ai capté qu'il m'avait raconté des salades.
Moi j'avais tout avalé comme un gros pigeon
et je m'étais encore fait rouler dans la farine.
C'est vraiment dégueulasse !!!
J'en avais ras-le-bol de me faire banane et je voulais flamber !
Mais comme j'avais plus un radis,
je me suis décidé pour une tournée au célèbre club... sandwich.
On y trouve tout le gratin, la crème de la crème :
en plus il y avait une soirée mousse...
La cerise sur le gâteau, c'est que c'est le patron qui régale !
Ça m'a redonné la frite mais la mayonnaise a pas pris
et ça a fini par tourner au vinaigre.
On était serrés comme des sardines, en boîte.
Moi j'étais assez bouillant à la base mais c'était pas ma tasse de thé :
il y avait que des gros boudins et des connards laqués.
Je sors donc de ce trou à rats et là j'aperçois des poulets en uniforme.
Je voulais faire le coq, ou j'ai eu un grain, mais j'ai crié « cocorico »

et je me suis barré dare-dare vers un bar ouvert tard tard
où y a un verre à boire contre quelques vers : ça aurait pu être la fin de l'histoire.
Mais l'un des poulets, qui steak haché, a crié : « Pas un zeste ! »
Et sous prétexte que le feu était orange, le bleu, qui puait le petit jaune,
me colle une prune en disant : « Ça tombe à point… et ça va être saignant… »
Je lui réponds qu'il peut aller se faire cuire un œuf,
que moi je m'en bats car je suis blanc comme neige.
Le gros lard déclare alors :
« Au nom de l'oie sauvage ! Je vous arête, même si vous n'êtes pas un gros poisson,
car qui vole un keuf vole un beauf ou un bœuf. »
Mon avocat, une grande asperge, me sort alors :
« Ils en font tout un plat. J'ai bien essayé de les cuisiner,
mais comme vous avez *assez zoné* je crois que c'est cuit ! »
Ah bon, qui l'eût cru !
Cette leçon vaut bien un fromage sans doute :
dans la vie pour être heureux pas à pas,
il ne faut jamais faire ce qui te dessert.

benoit izard

APHRODITE ET AFRO

Aphrodite est amoureuse
D'un mot la langue glisse d'Aphrodite sur afro
La reine de beauté et la crinière de clown
S'inventent à la dérive en prisme et priapisme
Et relèvent l'érotisme peu conventionnel
D'une histoire d'amour entre deux mots Aphrodite et afro

Aphrodite sourit de ses belles dents blanches
De ses belles dents blanches elle goûte la semence d'une giclée d'arc-en-ciel
C'est un vol à plusieurs elle avale un torrent de spectres de couleur
La déesse à un clown se donne
Pareille à la lumière à une fleur d'équateur

Elle rêve,
Aphrodite est Babette
Femme clown très belle du type de celles qui plaisent aux PD
Elle est hôtesse de l'air chef de cabine première
Babette est une des premières à s'être fait opérer
Comme tous les clowns elle est émancipée
Dans sa tête il n'y a aucune barrière
Son corps est épanoui sa mémoire cellulaire ne recèle aucun trauma inscrit
Babette rit d'un magnifique sourire bleu clair
Son capillaire est naturel arc-en-ciel
Une afro pas possible et vire de couleur

Par l'implant d'ADN des plus rares poissons des Seychelles
D'Aphrodite Babette a la liberté visible

Afro rit aux éclats
Des éclats de couleur partout dans ses cheveux se reflètent dans les yeux
L'étalon chromatique encore encore explose il la macule comme un sauvage
Dans son paysage la lumière du ciel rejoint celle du sol
Pareilles les étoiles le regard amoureux

Et part,
Aphrodite se voit clown noir
Du nom de Bouba
Sa peau d'ébène a été modifiée aux molécules d'essence de fleurs d'amarante
Des reflets dansent du pourpre à l'airain sur son épiderme improbable
Et pour lui c'est une évidence
La mélanine est le miroir de l'âme
Bouba est galeriste
Il regarde l'azur où il vole pour Dakar
Et ça fait rire Bouba
Lorsque s'envole un papillon de ses nouveaux cheveux ivoire
De penser qu'il est coté œuvre d'art

Aphrodite regarde le soleil à travers l'eau
À travers l'eau se dessinent des myriades de bouclettes d'Afro
C'est une odyssée la langue l'emmène au gré du flow
Ses lèvres au rire se livrent
Pareilles à la prairie au lit du ruisseau

Et vogue,
Aphrodite devient Paco

Un jeune homme clown 23 ans élégant
Et décolle pour Rio à 21 h 30
Paco porte un costume gris clair
Assorti à ses yeux rose vert
Self-made homme d'affaires il a l'aisance de l'argent
Et sait qu'il tient son succès à son sourire rieur éclatant
Paco ne voyage jamais sans sa pharmacopée
Paco a le maquillage naturel d'afro
Pigments qu'il entretient
Et offrent à son teint un air mâle minéral
Par l'ingestion d'infusion médicinale de poudre de quartz himalayen

Aphrodite sourit de ses belles dents blanches
Elle goûte la semence d'une giclée d'arc-en-ciel
Afro rit aux éclats de couleur partout dans ses cheveux se reflètent dans les yeux
D'Aphrodite à afro tangue la langue comme entre prisme et priapisme
Et une histoire d'amour entre deux mots.

benoit izard

CRISTAL

Je t'aime

Tu me files ta gold s'il te plaît
Une coupe de Cristal dans une coupe en cristal
Pour un rail de cristal par une paille en cristal
C'est bon c'est frais
Vas-y à toi

Sur la peau des rougeurs rouges des bleutés bleus des dorés or
Sur ton corps courent les couleurs
Comme le décor coule à cent à l'heure
Quand ondule ton cul le long des lignes de sons
Et module son faciès aux facéties de la boule à facettes
Je t'aime

Au phone le numéro d'un escort-boy
Même pas majeur je gage c'est un tueur au pieu
No blister obligé ça glisse c'est trop bon
Je songe à sa forme oblongue à fond dégorge dans la gorge et d'orgasmes regorge
Je t'aime

J'aime le goût du sperme
La vie a-t-elle un terme
Je pars à ma mesure

Et puis encore
Une coupe de Cristal dans une coupe en cristal
Pour un rail de cristal par une paille en cristal
Je t'aime

Dans la piscine de la pisse et du sang
Le corps a glissé la chair le chlore a piqué
Ça scintille dessus la piscine comme au ciel
Où avion recèle peut-être une bombe en otage
Et trace une ligne blanche fille de kérosène
Et flash une ligne tranche les pupilles de vermeil
Je t'aime

Dans l'air une musique pleine de beats
Rime au rythme du rite de ma muse et sa bite
Ses cuisses de Dolce déshabillées essuient la soie du coussin en damas d'or
Et donnent à l'air l'odeur de son odeur
Quand contre le corps les gouttes de sueur s'explosent
Pareilles à leur sœurs du Cristal quand on le sabre
Le bonheur s'envoie en l'air
Et je t'aime

Les bulles habitent au cristal et naissent au cling du cristal
Ondulent en ligne tel un orgasme qui plane
Jusqu'à la surface
Et plus grand-chose pour sauver la face
Je t'aime

Très au loin vivent des enfant là où vit le diamant
Le diamant raye même le cristal

Si je lève les yeux je vois les étoiles
Dont des enfants recèlent peut-être le brillant en otage
Et déjà le cristal me voile d'éther
Que ce serait beau que l'avion baise la terre
Je t'aime

benoit izard

LES VILLES SE COUPENT AU SCALPEL DES MOTS

Les villes se coupent au scalpel des mots
Quelle belle incision hein
Tu rêves de révolution boostée au collagène d'actions massives sur le terrain
Te voilà à sourdre les résonances d'échos
Je ne suis pas griot à te compter l'histoire
Je n'rape pas de slogan yo people strictly 4 my niggaz
Mais j'aime à lire la ville as a map of feeling
Les débit de paroles forment un film
Qui pénètre en profondeur et régénère la surface de la ville
La vieille garce a besoin d'un lifting mais gare à la coupure
La ville est hémophile

Les villes se coupent au scalpel des mots
Tu essaies d'écouter mais tu n'y entends rien qu'une flaque de bruit au sol
T'es bien trop concentré sur les ponctuations
Tu lèves les yeux à ton ciel halogène
Oh que soient jugulées ces effusions de langues
En fait t'es mort de peur qu'il y ait amputation
Tu as la main qui tremble
SLASH
Tu pratiques une grammaire simple
Cousue de points en points
Simple comme un coup de fil

Ta chirurgie plastique opère à coups de poings vêtus de gants stériles
Sur sa peau sur ses lèvres une scarification
Tu voulais faire d'elle un canon
Mais tu l'as marquée comme ta pute qui en aurait dit trop long
Je pense à Iceberg Slim

Les villes se coupent au scalpel des mots
C'est un son incisif rapide précis sur sa lame vacillent toutes les gouttes d'hémo
Mais toi dans ta panique
Tu n'entends bientôt plus que des basses crachées d'un ghetto blaster
Ça bourdonne dans ta tête
Tu rêves d'une piste urbaine aux peaceful accents reggae
Du bon gros groove au son grouillant des mots qui se fument
Tu aimerais y croire mais sa lame est souillée Kingston n'est pas Babel
Dans ton hallucination tu n'entends déjà plus la voix qui t'appelle
Pour toi les mots c'est tout au mieux une histoire de gangsters
Une locution directe bang un feu une balle les mains en l'air
Fuse le cri de la sirène le long des artères
Tu t'en moques tu t'entailles tu te lacères
Tu pensais avoir le dernier et v'là qu'tu te fais serrer
Point - de suture

Les villes - se coupent au scalpel des mots
L'opération a pleinement réussi
Le traitement aux olimots élégants a redonné éclat et fraîcheur à la peau
Ses lèvres sont repulpées son timbre est magnifique
La ville est une trans tu es fasciné
Tu aimes ses accents graves de Dakar et aigus d'Hanoï
C'est un texte rare c'est pour ça qu'il te plaît
Encore du rétinol Dr Troy

Yes oh thanks God bless
You make her skin her flesh so perfect
Mais c'est là que le bât blesse
La ville se coupe au scalpel des mots
Mais ne tirez pas trop
La ville pincerait son rire

Ton écriture est fine
Délicatement tu cisèles les fils de la conversation
C'est élégant presque chic
Mais derrière la façade toi c'que tu kiffes c'est
Son of mother fucker suck my dirty prick
Praticien émérite tu aimes les mots pratiques
Tu effiles les syllabes parce que tu aimes ôter les maux M.A.U.X
Dans ta clinique une chaîne B.O
Distille un son pur
Coupure
Coucher les mots est un moyen de rendre beau
Du vice je pense à Bret Easton Ellis

benoit izard

NICOLAS

Les pauvres baisent mieux que les riches.
C'est comme pour l'art
C'est quand on les oppresse que les gens crachent le meilleur d'eux-mêmes
Se disait-il amer dans son bureau trop grand en attente du grand soir
Tu prends Neuilly t'as pas un artiste, ou des bourgeois pire que moi-même
Enfin pour ce que j'en ai à foutre de l'art, mais mon Dieu qu'ils sont tristes
Y a longtemps que je n'y crois plus à cette opium des élites
Et qu'est-ce que je me fais chier, enfin faut bien gagner son pain
Elle pourrait pas gagner l'autre pimbêche
Pour trouver l'art faut creuser la tristesse

Les pauvres baisent mieux que les riches.
Il s'appelait comment déjà ? Boubaka ?
Putain quel pied, je l'avais bien choisi celui-là
17 ans à tout casser, le pauvre je venais de faire virer ses parents
Incroyable une baise au bord du gouffre
Et quand il m'a vu j'ai su
Le vacillement dans ses yeux un truc de ouf
Et une trique au nom du père du fils et du Saint-Esprit amen
Le dégoût et l'anathème l'envie de fuir et de détruire
Tu pourras leur dire que t'as baisé celui que tu hais tant
Un billet de 100 et maintenant va-t'en

Epoque violente où tu as ce que tu crées
Moi je crée des racailles je suis le père du rap
Et le rap fait du Kärcher l'organe qui fait de moi un homme
Epoque créée où tu as ce que tu violes
Même plus envie de musique j'ai encore le goût de l'autre dans la gorge
J'ai envie d'être seul, même pas envie de coke, tiens
Au sommet de ma gloire mon pouvoir se nomme linceul
Encore 15 minutes, je devrais être excité mais rien
Mon sort s'exécute en exil du monde des Terriens
Ma gorge est rauque, attends, encore un peu de silence

Les pauvres baisent mieux que les riches.
Peut-être qu'ils sont plus heureux peut-être aurais-je été plus heureux
Allez dire à une mère avocate que le premier bonheur de son fils
A été un p'tit rebeu
Mais gardez-la votre France, son pouvoir me maintient en enfance
Je veux grandir, je veux dire, je ne veux plus jouer le jeu
Même mon corps est petit j'étouffe dans cet esprit
Je veux être maître, ne plus dépendre des peurs des autres
Je veux me rendre, j'ai tant rêvé qu'on m'étrangle
Allez leur dire que le plus pauvre me tende la corde pour me pendre
M'épanouir, ne pas nuire à mon être, arrêter de me faire mettre ou alors, d'amour
Laissez-moi baiser, laissez-moi, laissez-moi baiser en liberté
Dire ma vie cesser de jouer les faux apôtres
Mais que sais-je faire d'autre ?

Et place Beauvau qui entendra : je vous en prie suicidez-moi.

tô

LE VIDE INFINI (VITE...)

Comment combler le vide infini ?
Oh mais comment combler le vide ?

Vite, un train à prendre, un métro à ne pas rater. Vite, vite, aller voir le dernier événement jubilatoire de l'année. Vite, de l'action, de la sueur, des pleurs et des beaux sentiments, du bel affect pondu par des journalistes, des sportifs ou des acteurs, la belle vie, la Grande, l'autre pas la nôtre, sans se mouiller, sans sourciller, sans se brûler. Vite, la gloire et la misère en feuilleton à l'autre bout de l'œilleton sans bouger, oui, sans bouger, caresser du cil tous les lointains ailleurs. Vite, toujours filtrer, juste pour flirter du dedans. Vite, avoir sa seconde de célébrité, sa minute de liberté, son heure de vérité. Vite, encore un train à prendre, encore courir, encore une activité jusqu'à s'en décrocher le cœur.

Vite, vite se remplir. Un vide, vite, à combler. Vite, la becquée, aspirer, inspirer, engloutir, avaler, ne jamais expirer. Vite, une gorgée, un goût, un bout, une bouche, une bouffe, une bouffée. Vite, une drogue, un snif, un shoot, une montée, vite, du plaisir, ne plus souffrir, du plaisir, encore, encore, tronquer la vie pour tromper la mort et danser sans tête comme des robots aux corps mous. Vite, du bien-être, même si je fais semblant d'être, m'en fous !

Comment combler le vide infini ?
Oh mais comment combler le vide ?

Vite, disparaître sous l'armoire, mettre ma honte à l'ombre, ma peur au placard, mon âme à l'abri, des bruits, des débris, et des compromis, ma haine et ma gêne au tiroir. Vite, tenir tous mes instincts au secret, polis, civilisés sous un voile, un tchador de fer fin et ouvragé, une ceinture de chasteté, bien alourdie par le poids des chaînes, bien cadenassée. Et si des fois ça remue encore, et si des fois ça remue la nuit, ou jusqu'à tard le soir : vite, enterrer encore plus profond, dans des recoins encore plus obscurs, cacher le malaise sous la glaise, la glaire et la terre, ensevelir invisible sous la vase et puis vite, ressortir, oublier, puis combler le trou, puis boucher le puits, vite, oublier.

Vite, maîtriser. Museler les louves. Creuser les douves, planter la herse, endiguer, retenir, contrôler. Bâtir des murs, construire des places fortes, ériger des tours de garde, un cadre, un périmètre d'enfants glabres. Vite, la tolérance et l'ouverture seront mes barricades. Vite, un calque, un casque, un masque, un mascara, une carapace, une armure pour briller sans partage, briller sans mélange, ne pas ternir mon image, être en phase. Vite, donner le change avec mon air d'ange, de tout l'attirail du pur, appareillé. Vite, jeter le trouble avec mon air de sainte ni touche ni pute sur la touche, déjà bien au-delà des vertus du vice bien vissé au creux du ventre et de l'écume à la bouche, replet, un reflet à peine refait, parfait, fiable, zen, sans angle, sans diable, inséré.

Comment combler le vide infini ?
Oh mais comment combler le vide ?

Vite, monter en puissance sans le poids des ans, sans le poids de l'âge, sans le poids du temps. Avoir de l'esprit, se trouver, se connaître, s'accomplir. Savoir se dire c'est savoir se vendre, et se vendre aujourd'hui, c'est l'avenir, le passé, le présent, la valeur et la survie. Vite, baisser la tête sans se salir les mains, baisser son froc sans jamais se faire baiser sans capote ni vaseline, sans beurre ni argent du beurre et crémière à la clé. Courber l'échine, oui, mais ne jamais se solder, soldat ! S'arracher, se couper, se vendre bout à bout : ses tripes, ses larmes, ses plumes, sa flamme, les yeux de sa tête, la peau de son cul pour des ailes de cuir, des ailes de cire et de suie, des ailes de plomb, de béton et d'acier trempé. Tant pis je suis prêt à tout, j'ai déjà baigné dans l'abîme et j'en peux plus. Vite, que jamais plus rien ne déborde, jamais plus rien ne me dépasse, jamais plus de malgré moi.

Vite de la lumière, faire partie des hauts, titiller le clito des nues, là où c'est beau, et grand et fort, tellement t'en peux plus, d'être toi, d'ta thune, et du destin qui t'a mis là. Vite, vite, monter, monter, dealer, grimper et gravir les échelles, franchir les cercles, sauter les degrés, griller les étapes, grimper, toujours, grimper, pour ne plus redescendre jamais ! Alors, un jour, une fois en haut tout en haut avec les bas-fonds plein les bottes, je pisserai sur les tombes et j'irai cracher à la face de Dieu Mon Mépris !

Ah ! Ah ! Vite, vite, encore, encore, je n'ai pas assez gonflé, vite, vite, encore, encore !
Et en cas de trop-plein y a plus qu'à vomir et puis tout recommencer... Vite, vite.

Comment combler le vide infini ?
Oh mais comment combler le vide ?

Avec des bouts de vide ?
Avec des bouts de rien ?

Peut-être avec de l'infiniment plein.

damien noury

JE NE SUIS PAS

Je ne suis pas celui qu'il faudrait que je sois
Pour marcher dans cette vie, pour marcher à l'endroit
Je ne suis pas dans l'air du temps
Je n'suis pas le sens du courant
Je ne suis pas en phase
Je ne suis pas assez ou bien trop pour la case.

Je ne suis pas le séducteur, le sou neuf et brillant,
un œil dans le viseur et l'humour pour agent
Je ne suis pas le prédateur, le possesseur, le prétendant,
attendant seul son heure en s'aiguisant les dents
Je ne suis pas le sentimental, le cœur à fleur de sang,
l'émotion sur la main, le pathos affleurant
Je ne suis pas l'étoile, la lumière au-dedans,
rayonnement d'évidence qui brille au firmament
Je ne suis pas le rêveur, l'insolite,
l'éthéré qui vit sans poids ni peine les devoirs à porter
Je ne suis pas l'emphatique, aux vertus sympathiques,
aux sourires caloriques, à la verve matelassée
Je ne suis pas l'hystérique, le fier névrosé, exhibant ses coliques de l'intériorité
Je ne suis pas le cérébral aux hémisphères référencés,
bibliothèque encéphale, l'organique de côté
Je ne suis pas l'athée
qui forge sa religion à coups de certitude de conscience contentée

Je ne suis pas le clone, le singe reconnaissant,
le servile serviteur, le disciple sans dents
Je ne suis pas l'apôtre, l'idolâtre, le croyant,
un dogme dans les veines et la foi sous serment
Je ne suis pas un autre, je ne suis pas à temps
Je ne suis pas des vôtres, je ne suis pas d'un clan.

Je ne suis pas tangent, je ne suis pas construit
Je ne suis pas certain d'avoir su qui je suis

Je ne suis pas l'intéressé, le passionnant, le passionné
Je ne suis pas le militant, le rentre-dedans, le motivé
Je ne suis pas le déchiré, l'iconoclaste, l'écorché vif
Je ne suis pas le calme, le serein ou l'oisif
Je ne suis pas l'admiratif, le réceptif, le fan transi
Je ne suis pas l'actif qui travaille sans répit
Je ne suis pas le drôle, le comique, le bouffon
Je ne suis pas l'élève qui connaît sa leçon
Je ne suis pas l'évanescent, le vaporeux, le transparent
Je ne suis pas à l'heure d'été
Je ne suis pas à l'heure d'antan
Je ne suis pas une bonne réponse
Je ne suis pas un triste sire
Je ne suis pas celui qu'on pense
Je ne suis ni de marbre ni de cire.

Je suis en porte-à-faux
Je suis en devenir
Je suis sans rien comprendre
Je fuis l'empreinte du pire

Je suis en éclaireur
Je suis une chrysalide
Je suis une marge d'erreur
Un chemin dans le vide.

damien noury

LE DÉVIDOIR

A quand remonte le dernier train ?
A quand remontent les rails ?
A quand remonte le dernier train ? Hein !?
A quand remontent les rails ?

A tort ou à travers ?
A cor ou à cri ?
A certitudes neuves jamais renouvelées ?
A cécité constante ?
A lâcheté chronique ?
A bon nombre d'occases ?

Le Dévidoir a faim… Le Dévidoir appelle
Le fil s'est cassé, la bobine s'est rompue
Les mécanos à l'œuvre ont grippé les rouages,
ont serré les boulons à desquamer les couennes
Nous voilà désormais relégués aux tombeaux,
aux calculs d'épiciers des ignares pathétiques,
aux âges obscurs et creux des prêtres rationnels.
Ligaturées les trompes de nos destins fougueux en des désirs mort-nés ?
Le Dévidoir a faim… Le Dévidoir appelle…
Le fil s'est cassé, la bobine s'est rompue

Des sycophantes fébriles farfouillent sans coup férir aux fourneaux des fissures
Des zozos dézingués zigzaguent à toute berzingue dans la voie d'insertion
Des glaviots graveleux gravitent sans crier gare à nos constellations
Des amibes, des bacilles de veaux prophylactiques grisent la glose irisée
des lèvres pacotilles
Des caillots de ciment et des charpies de fer
Des ellipses solaires
Des gouffres gros comme des vaches
et des bouche-trous péteux pour colmater les brèches
Des fossoyeurs du vide, des croque-morts nyctalopes
Des fous assermentés suçotant des carcasses,
cerbères décérébrés aux canines défraîchies
Des caillots de ciment et des charpies de fer
Des frissons carapaces de développement durable
De la foi détrempée en de longues tables rases
Des gouttières à palabres de prières ruisselantes
Des étendards, des pics et des têtes au-dessus
Des couvre-chefs pédants, des sous-fifres suffocants
Des ténors du barreau, des altos de la rampe
Des rhétoriques râpées d'engrenages engrainés : *un sacré décorum…*

A quand remonte le dernier train ?
A tel est pris qui croyait prendre ?
A pantins mécaniques ?
A monstres et compagnie ?

A quand remontent les rails ?
A marcher sur la Lune ?
A poudre d'escampette ?
A piaule d'Ali Baba ?

Le Dévidoir a faim ! Le Dévidoir appelle !
Comme un homme à la mer ! Comme une fille à la baille !
Comme une faute d'orthographe et son chien de faïence tombant sous la mitraille
Comme un vers solitaire sondant un puits sans fond
Comme un cornichon aigre au fond de la culotte
Une béquille sans conteste a sanctifié le fard du commun des mortels,
a graissé les pistons des stratégies honteuses, les sourires nécrophages,
les mimiques pariétales, a roulé nos épines dans la farine sociale,
et nos fusils d'épaule en tranches dégraissées :

Ça y en a bon moment !
Ça y en a formidable !
Ça y en a perspectives, cascades de questionnements
Salmigondis soucieux de nos prérogatives
Ça y en a bonne popote de peur désincarnée
Ça y en a bon boui-boui
Ça y en a lettre morte
Ça y en a sens du poil !

Allez ! Vole pigeon ! Vole !
T'es déjà en retard au passage de témoin…
Faut s'aligner mon vieux, faut s'taper sur les doigts
C'est pas en s'ménageant qu'on décroche la timbale
Car nous sommes désormais tous multipénétrants
De petits tortionnaires calés dans leur fauteuil
La clé des bas instincts, le sillon en vacances
Vrombissent les coyotes aux soupapes HDI
En bacchanales bâclées de muqueuses consentantes
En lubrification de trop bonnes à cul lisse
En dents du fond qui baignent

En bave sur la vitrine
En frustration constante de flirts schizophréniques
En esquives frelatées de langues contreplaquées
En partouze de parterres aux regards ébahis
En tous partis en couille !

Allez ! A la r'voyure !
A quand remonte le dernier train ? Le Dévidoir appelle
Allez ! A la r'voyure !
A quand remontent les rails ? Le Dévidoir a faim
Le fil s'est cassé, la bobine s'est rompue
Les quenouilles ont crevé nos plafonds renouvelables,
éclaté nos destins en cellules amnésiques :
Faudrait pas oublier qu'on est tous redevables
Faudrait pas oublier qu'on nous fait plus crédit
Faudrait pas oublier nos amitiés coupables
Faudrait pas oublier mémé dans les orties
Faudrait pas oublier qu'il y a une partition
Faudrait pas oublier ce qu'on a toujours su
Faudrait pas oublier qu'on n'est pas tous des cons
Faudrait pas oublier de prendre le dessus
Faudrait pas oublier l'envers du décor
Faudrait pas oublier nos plans sur la comète
Faudrait pas oublier d'réveiller l'eau qui dort
Faudrait pas oublier ce qui pousse dans nos têtes
Faudrait pas oublier l'onde hélicoïdale
Faudrait pas oublier la mort sur nos talons
Faudrait pas oublier qu'on est des animals
Faudrait pas oublier notre autre dimension

Faudrait pas oublier… Faudrait pas oublier…
Faudrait pas oublier… Faudrait pas oublier….
Faudrait pas oublier… Faudrait pas oublier…

néobled

LES MOTS

J'aurais aimé trouver les mots pour te dire c'que j'pensais
J'aurais voulu que tu puisses entendre ce que mon cœur m'disait
J'n'ai jamais su l'formuler et en fait il faut que j'en parle
Les fausses idées j'viens supprimer

Il me manque les mots et les êtres avec
Les mots me font défaut, mes sentiments
Je ne puis vous remettre
Pourtant j'arrive à lire entre les lettres
Et cela m'est déjà arrivé sans parler
De transmettre
D'émettre
D'un geste toucher l'autre
Sans être en contact physique les uns sur les autres

J'ai le mot qui manque mais pas les idées
Neobled, Mallem comme ferme et décidé

Il me manque les mots
Mais il n'y a rien à y faire
Car mon vocabulaire me fait défaut
Les mots me manquent
Rien à faire, mec
A défaut d'être
Ce que les mots reflètent

Je préfère être moi et même muet
Plutôt que jouer le rôle d'un autre dont l'issue j'connais
J'ai beau parier le mot qui gagne
Et trop souvent les mots me trahissent
Et dis-moi ce que j'y gagne

Il me manque les mots,
Enormément de choses j'ai à revendre
Et trop souvent les mots me trahissent
Que devrais-je comprendre ?
Que les sentiments et que le langage ne peuvent s'entendre
Voilà pourquoi j'bégaye
Quand dans tes bras tu veux me prendre

Voici mon âme et mes textes mis à nu
Car c'est à nu que je pourrais voir de quoi t'es vêtu
Oui ce sont tes yeux qui t'ont trahi
Sache que les mots murmurent aux autres c'que j'n'ai pas dit

Il me manque les mots
Il faudra bien s'en passer
On en a des choses à s'dire
Ça fait une paye qu'on ne s'est parlé
J'aimerais te dire que j'regrette et que
J'garde en tête le souvenir de mots honnêtes

Chez moi rien n'a changé
A part qu'parmi les miens
Privé d'parole, j'me sens étranger
J'veux faire une place dans le cœur de ceux que j'ai blessés
Réparer mes erreurs d'y a pas une heure
Difficile de l'expliquer
Encore plus d'en faire un couplet
T'auras p't être rien compris
C'est pas faute d'avoir essayé

Il me manque les mots
Il semble qu'il n'y ait rien à y faire
Malgré tout j'espère
Que tu finiras par t'y faire.

néobled

LUTTE

Je me souviens de ma clique, c'était mon premier crew
C'était mes frères, des nègres, des cramés jusqu'au cou
Tous MC crève-la-faim s'étaient soudés jusqu'au bout
Engagés sur une même route dont on ne voit jamais le bout
On disait survivre, on ne vivait même pas
Les mecs avançaient et dans mon ombre suivaient mes pas
Y a que quand tu rends service que l'on dit que t'es sympa
C'est marrant dans ma rue, on aime voir ce qui ne change pas
On aime croiser les mêmes mecs au même point de rue
Adossés au même poteau avec le même air perdu
J'avance dans ma rue comme les tiens dans le métro
Violence à outrance le vingt heures dans ton ghetto
Les blocks, les mythes servent à y croire
Si tu me testes t'es mort dans ma rue, on frappe les plus jeunes
Faudrait que j'aille voler pour nourrir les miens
Derrière un plexiglas y a mes frères qui râlent au parloir
La rue sans antidote, la rue une seringue
Y'a des tox qui crèvent dans les caves odés à huit heures
Voici mon quotidien et ses galères bien réelles
Je peux voir mon blaze tagué près des cimetières
Pour ceux qui sont partis trop tôt je viens leur laisser
Une trace indélébile, dans ce bas monde faut s'accrocher
En manque d'oxygène, les gens en apnée si jeunes boivent la tasse dans les sitcoms
Télé-Réalité, la Mort et la Matrice

P4 m'aura laissé le désespoir pour cicatrice
Me regarder me noyer dans le système et les crasses
Dis-moi comment répondre aux inspecteurs
Celui qui parlait trop, d'une balle je l'ai abattu en plein poumon
C'est mon respect que je venais défendre
Rêves, illusions, j'ai la pratique
Mensonges, survie selon des lois préétablies
Je grandis dans une cage, la rage force à penser
J'avance, rien à foutre, c'est mon avenir que je viens dessiner

néobled

PETITE VALSE

On a partagé du temps, passé de bons moments
Grillé pas mal de garrots autour d'un verre, tu lisais les tarots
Tu disais vivre pour ceux que t'aimais, qu'écrire en toi animait
L'espoir de jours meilleurs et le cœur enivré tu susurrais
« Princesse du macadam que tu sois miss ou bien madame »

J'emporte à l'avenir ton sourire, tes photos et le souvenir
D'une femme forte et cela va sans dire, j'ai plus de cent raisons de le dire
Nina merci car sans toi la vie bien fade fait moins envie et cela va sans dire
Et quand j'y pense mon cœur s'emporte, me laisse de glace.

On a partagé du temps, passé de bons moments
Grillé pas mal de garrots autour d'un verre, tu lisais les tarots
Tu disais « Aimer », tu disais « Rouda », tu disais « Nous et les autres »
Sans jamais vraiment parler de toi et quand j'y pense, de suite, mon sang se glace.

J'ai le regret, l'infini regret de te dire au revoir, au revoir mais pas à jamais
Car dans l'au-delà, je finirai bien par te retrouver
Toi et l'après et tous ceux qui seront de l'autre côté
Et quand j'y pense de suite ma peine s'efface

rouda

AMOUR

A Jean-Luc Duez.

Ce poème fait certainement partie de ces choses qui ne s'expliquent pas
Ça se passe de nuit dans une capitale où les gens ne respirent pas
Où les ombres maladroites se côtoient et les paroles se prononcent tout bas
Où les hommes oublient leur nom dans les odeurs de tabac froid

Ecoute comme nos voix peuvent être douces comme un foulard de soie
Si on croit à cet émoi tissé par le hasard du soir
Et même si ce n'est qu'un mot des lettres blanches sur un trottoir noir
Désolé mais je trouve ça beau pour ceux qui croyaient être morts

Là je l'écris noir sur blanc j'aimerais que la nuit me jette un sort
Pour que la lune devienne un phare
Et que la rue devienne un fleuve
Que l'on navigue juste une fois jusqu'au pays des chercheurs d'or

Mais sur Paris y a pas la mer c'est juste un océan de rêves
Qui ondule sur les murs dans un silence qui se laisse faire
On croise parfois ce mot lors de rencontres belles et brèves
Il me l'a écrit dans le dos ma peau est un blouson de cuir

Il aurait aimé nous le dire dans le blanc des yeux mais il aurait pu s'y perdre
Alors il a préféré l'écrire et pas seulement pour nous plaire
C'est pour que ça reste des lettres qui prennent vie entre des lèvres
Ou qui se lovent au coin des rues…

Que notre ville soit comme un livre

rouda

LA VÉNUSIENNE

A Ninanonyme.

C'est une vénusienne elle n'est pas de la même planète
Lorsqu'elle ouvre ses persiennes ses yeux projettent des comètes
Notre passion n'est pas ancienne chaque matin je la vois renaître
Et chaque soir j'espère un signe de ma vénusienne à sa fenêtre

Ces boucles douces sont des fragments de dentelle
Et son iris souple projette des poussières de ciel
Elle ne laisse pas de traces, ses tresses sont trop sensibles
A la fonte des glaces elle se disperse en grains de sable

C'est une vénusienne elle n'est pas de la même planète
J'aimerais que mes pensées soient siennes dans le sillage de sa comète

Sa peau comme ses pupilles palpitent
Appel de l'épaule et sourire du papillon
Rayons couleur de paille pour lesquels je fais le pitre
Des ronds dans de l'eau pâle pour des navires sans pavillon

C'est une vénusienne elle n'est pas de la même planète
J'espère qu'en ses persiennes elle s'aperçoit que je pense à elle

Elle est fragile ma vénusienne femme de pierre aux pieds d'argile
Je la vois pleurer en regardant le ciel
Elle cherche ses origines et se demande où sont les siennes,
Les autres vénusiennes l'imaginent éprise d'une passion terrienne

C'est une vénusienne elle aimerait rejoindre sa planète,
Tout seul en bas de ses persiennes j'espère une place dans sa tête

rouda

UNE NUIT

Cette nuit je ne serai qu'une seule caresse sur ta peau
J'embraserai tes sens de tes tresses jusqu'au bas du dos
Je t'apprendrai une danse où les éclats de lune nous enveloppent d'un manteau
J'embrasserai dans le silence le moindre carré de ta peau

Je t'en prie reste endormie garde les paupières closes
Il n'est pas tard j'entends la pluie dehors toute la ville se repose
Il n'est même pas minuit et mes mains te promettent mille minutes
Avant que la lumière s'impose
J'ai fait un pacte avec la nuit le temps n'est plus notre ennemi
J'ai appuyé sur la touche pause

J'ai pris ton sommeil pour complice donc j'aurai tout le temps d'attendre
Pour voir tes paupières qui se plissent et tout son corps se tendre
Je caresserai le creux de tes reins la paume de tes mains
et tes recoins les plus secrets
Et j'enlacerai d'un seul écrin ta nuque de mes baisers sucrés
Je dessinerai ce poème du bout de mes doigts sur le haut de tes épaules
J'imprimerai du bout des lèvres une onde venue du bout du monde
Et sur ton ventre j'écrirai ces mots de ma bouche qui te frôle
C'est le désir qui s'invente ma langue murmure d'autres paroles

Je t'en prie reste endormie garde les paupière closes…

Je te parlerai le langage du corps à corps
Où nos deux corps allongés rajouteront des couleurs dans le décor
En accord avec ton cœur tes yeux fermés et ton sourire me diront « encore »
Dans tes draps blancs qui s'affolent t'as même oublié que tu dors
J'ai remplacé le marchand de sable j'ai mis une bougie sur la table
J'ai déplacé le monde sensible pour que nos ombres deviennent instables
Je ne serai qu'un seul et long frisson pour chacun de tes atomes
Sous ton toit y a toi et moi et quelques gouttes sur la tôle

Je t'en prie reste endormie garde les paupières closes
Tu soupires et tu souris mais tu n'en connais pas la cause
C'est un instant qui va durer jusqu'au lever du jour
Et nous serons les clandestins du mot qui rime avec toujours

hocine ben

AUBERCAIL...

C'que j'aime quand ma ville s'endort ? C'est qu'on voit pas qu'ses murs sont gris.
Même les gueules à coucher dehors, soudain, sont fardées de bleu nuit.
Et les lumières de la ville, qui maintenant s'allument une à une,
Eclairent mes pas sur la chaussée et font de l'ombre à la lune.

Même le bruit du périph, au loin se fait moins intensif.
Dire que ce bruit me berce parfois, comme aux abords d'un récif.
Et sur ma ville quand la nuit tombe, alors je la ramasse.
La couche sur le papier, ma ville, et la regarde en face.

« Aubervilliers ! » Dis-moi pourquoi je suis encore dans tes murs ?
T'entends pas mes prières ? Dis-moi, t'entends pas mes murmures ?
C'est pas que je me lasse de toi, mais le monde est vaste et le monde m'appelle !
Auber je t'ai déjà prévenu, un jour je manquerai à l'appel !

Je la quitterai ta grisaille, et tes cocos condescendants.
J'oublierai tes faits divers, Karim, repose en paix mon enfant...
C'est pas les flics qui t'ont fauché, c'est la misère qui a fait son job.
Chez nous les anges remontent au ciel, parfois à cheval sur une mob !

Auber ! Y a que tes nuits qui me manqueront, elles m'ont tellement accompagné.
Chaque pas perdu dans tes rues, c'était un poème de gagné !
Voila pourquoi sur ma ville, quand la nuit tombe, je la ramasse,
La couche sur le papier, ma ville, et la regarde en face !

Tous les poètes vous le diront, vos nuits nous appartiennent.
C'est là que vos histoires nous parviennent, même à travers vos persiennes.
93 300 poèmes en puissance,
Sommeillent dans ma ville, j'en croise certains dans mes errances.

Et la plupart m'interpellent pour que jamais je n'oublie,
Qu'à Auber, dans plein de foyers, plus on est de fous et moins y a du riz…
Mais le jour de gloire enfin arrive, quand tombe le RMI
A la poste des Quatre Chemins,
Trois heures de queue et j'vais claquer mon oseille sur Paris.

Auber, ne t'inquiète pas...

Même si Paname nous fait de l'œil, on revient toujours au bercail.
On a le sang chaud alors sans nous, on a peur qu'Auber caille !
C'qui ne nous tue pas, nous rend plus forts, pour toi je serai toujours un renfort.
Un rempart contre les faux. Ma ville mon phare ! Ma ville mon fort !

Et trottant sur tes trottoirs, je suis attentif si t'étouffes.
Car les infos qui font de l'intox, ne voient que tes tox et tes poufs.
Mais les bobos en boubou qui te rachètent par petits bouts,
Vont goûter de mon insécurité, Auber et moi, faut pas nous pousser à bout !

Car depuis le premier jour, cette ville me colle à la peau.
Depuis la première nuit, elle colle à mes godasses !
Auber ! Quand sur toi la nuit tombe, alors je la ramasse,
La couche sur le papier, et je la regarde en face...

Si ma ville m'était contée, je crois que j'aimerais pas connaître la fin.
Ses pavés j'en ai bouffé, je préfère rester sur ma faim.
Car le nomade qui est en moi aimerait scruter d'autres horizons.
Auber si je ne bouge pas, tes murs deviendront ceux de ma prison.

Et je ne passerai pas par Quatre Chemins quand je voudrai tracer ma route.
J'esquiverai, les vendeuses de « maïsso », et les vendeurs de makroutes.
Qui jalonnent tes trottoirs et se foutent des contredanses.
Au p'tit bonheur la chance, car c'est le flic qui mène la danse.

Auber...
Toutes les nuits, je réinvente tes couleurs et je mets la dose.
Et sous tes lampadaires, je me mets aux vers, je vois la vie en prose !
Car le poète se fait les pieds, et marche à l'ombre de ton ombre.
Auber, tu restes de glace, mais quand tu me chauffes, je sais te faire fondre...

J'ai juste à te rappeler que certains de tes enfants deviennent fous !
Vas-y regarde-moi en face et dis-moi que tu t'en fous...
Bien sûr qu't'es pas l'bon Dieu, mais protège au moins tes mômes.
Auber t'as une grande gueule, alors pourquoi tu deviens aphone ?

Quand Auber caille, moi je m'enrhume,
quand Auber tousse, je me perds dans sa brume.
Et si je mets un pied à terre, bien sûr c'est la faute à Bébert !
Mais quand sur toi, la nuit tombe, t'inquiète je la ramasse.
La couche sur le papier, et la regarde en face...

Auber, dans tes nuits, je deviens lucide et serein.
Qu'est-ce que je fais cet été ? Je le reporte à l'été prochain !
Heureusement tes colos nous ont fait tâter d'autres contrées.
Mêmes si les boutiques en Bretagne nous refusaient leurs entrées !

Et je te remercie Monsieur le maire, pour m'avoir offert un dico.
A mon passage en sixième, j'en ai fait mon meilleur pain-co.
Aujourd'hui c'est une arme que je retourne contre toi !
Franchement Monsieur le maire,
si tu avais su, dis-moi, t'aurais pas fait un autre choix ?

Moi j'ai des contes à rendre, à cette ville qui m'a vu naître.
Qui a vu mes premiers pas, mes premiers Printemps de Poète.
Et même, si de l'aut' côté du périph, paraît qu'il y a la vraie vie.
Je garde les deux pieds sur ma terre, les pieds sur mon parvis.

Car Auber et Paname, c'est le jour et la nuit.
Chez nous passé vingt-deux heures, d'ouvert ? Y a que des épiceries !
Où tous les mondes se côtoient, où tous les langages s'entremêlent.
Passé vingt-deux heures ?
Les chiens, les clodos et les poètes se ramassent à la pelle…

Double nationalité, double poisse, double paperasse.
Si je dois la faire, où je dois la faire ? Cette intégration qui vous tracasse !
Je suis français en France, en Algérie je suis algérien...
Mais dans mon cœur c'est bien plus simple,
j'suis qu'un p'tit gars d'Auber, un Albertivillarien !

Voilà pourquoi sur ma ville, quand la nuit tombe ? Je la ramasse.
La couche sur le papier, et je la regarde en face…

hocine ben

LA MUSELIÈRE...

Novembre 2005, mon quartier a la gueule de bois.
Mon voisin pleure sa vieille caisse, ma télé crache ses discours de
Langue de bois.
Cette année, l'automne est reparti deux enfants sur les bras.
On peut échapper aux condés, à son destin on n'échappe pas...

Novembre 2005, y a de l'orage dans l'air et des odeurs de feu d'artifice.
Y a les anciens qui par la fenêtre regardent courir leurs fils.
Un an a passé depuis, elles sont déjà loin les caméras.
Nous laissant à nos « parce que » nous laissant à nos « pourquoi ? ».

Pourquoi tant d'épitaphes recouvrent les murs de nos quartiers ?
Pourquoi si peu de taf alors que nos pères furent par centaines
Recrutés ?
Pourquoi même nos élus sont-ils atteints de cécité ?
Pourquoi les écharpes tricolores ne fleurissent-elles pas dans la plupart
De ces cités ?

Moi ? Si j'étais un livre d'Histoire, je rougirais de honte.
Tous ces mots qui ne servent à rien, tous ces silences qui s'affrontent.
Font de la mémoire un terrain miné, un édifice inachevé.
Un chantier sans ouvriers, voilà pourquoi je vole à son chevet.

Alors dis-moi, mémoire, dis-moi pourquoi tu flanches ?
Dis-moi pourquoi les miens n'apparaissent que sur tes pages

Blanches ?
Moi je suis pas Superman, j'ai pas de super pouvoirs !
Mais j'ai les yeux ouverts, je lis à travers les vêtements du pouvoir.

Le monde sera sauvé, par les poètes, par les enfants et les fous.
Par le cancre analphabète qui en silence sommeille en vous !
Pour moi prendre le MIC, c'est prendre le maquis.
Assumer sa position, même au milieu du jeu de quilles.

Car je n'écris pas pour l'élite, je n'écris pas pour mes élus.
Ma poésie elle sent pas bon, infréquentable, ma poésie sent le vécu !
Alors faites passer le mot, dites-leur que OUI, nos murs ont des
Oreilles.
Et qu'après 40 piges en France, nos parents n'ont toujours pas de
Cartes vermeilles.

Tu sais, tu peux toujours rénover nos tours, si tu ne rénoves pas ton
Regard...
Mon slam t'attend au tournant pour te raviver la mémoire.
Novembre 2005, elles sont encore chaudes les braises...
Avoir 20 ans dans les Aurès, en avoir 15 dans le 93 !

Dieu a créé l'homme, l'homme a créé le poète.
Le poète recrée l'univers avec des « si » et des « peut-être »...

Dieu, il a aussi créé le chien, l'homme lui a mis une muselière.
Mais on ne fait pas taire les grandes gueules aujourd'hui, comme on ne les a pas
fait taire hier !
Non ! On ne fera pas taire le poète en muselant son chien.
Comme on n'éteint pas un feu de brousse un Kärcher à la main !

mc clean

LE PICKPOKET

tapi dans un angle de la station
oui je me sens interpellé par cette déclaration
mais rien ne change dans ma décision
moi je guette ma proie et je la prends en chasse
oh, bien angoissé, oui, mais déterminé
je mets en œuvre mon plan de tireur
oh, bonjour Madame, vous auriez l'heure ?
pendant qu'elle regarde sans peur
je commence la manœuvre
ma main glisse le long de sa veste
je tâte, je touche
je sens la caillasse
hip-hop c'est dans la poche
toujours en pleine émotion
je me casse de la station
direction Nation
et dans un coin je compte les biffetons
et de vous à moi et de vis-à-vis je recommence mon vice
jusqu'à ce que mes poches se remplissent
une fois mon désir comblé je m'en vais flamber
dans les soirées branchées
où je me fais remarquer
et là, à table au comptoir,
je rencontre le désespoir
qui vide mon cœur

comme un distributeur
les vers fusent
et mes poches s'usent
j'ai laissé échapper
mes derniers souffles de lucidité
qui auraient pu me ramener
à la réalité
mais trop tard je suis cassé foncedé
comme vous voulez
moi je sais je suis abandonné
je rentre chez moi
j'habite une petite rue
mais tellement je suis fracassé
j'ai l'impression que j'habite une big street
je suis au dernier étage
à ma porte y a pas de poignée
on y rentre à coups de pied
et là je m'affale tout habillé sur mon lit
et je m'endors
comme un raptor

le matin je me réveille
j'ai mal à la cafetière
alors je mets mon CD préféré
mc doliprane
in da house
j'esquive
je cours vite vers mon miroir
et dis
miroir suis-je toujours le plus beau des pickpokets ?

il me rassure et me dit : « oui mc cool »
ok ok tranquille
à l'aise blaise dans mes baskets
j'arpente la rue jusqu'à l'entrée du métro
premier obstacle le tourniquet
j'ai l'habitude, les frères,
je n'ai jamais le ticket
la fille du guichet me regarde l'air blasé
elle sait que je fais partie de la famille
du 1er, du 2e, du 3e doigt
je suis un voleur fraudeur
et je me fous des contrôleurs
je fais comme à Vincennes
si tu as parié sur le 14, c'est moi !
et je saute l'obstacle
et j'arrive dans l'asphalte métronale
quai de Sèvres, pont de Saint-Cloud
plein de pétasses blindées
montre Cartier autour du poignet
ça va saigner
coup de tête balayette manchette
tu manges ta mère par terre
et je prends la joncaille
car tu le sais
il n'y a que maille qui m'aille
les poches lourdes j'arpente les quais
quand soudain dans un angle mort
trois condés vivants
et là, ce coup-ci, c'est moi qui vais manger
coup de tête balayette manchette

on va me filer des bracelets
mais pas des Cartier
et là on m'emmène au commissariat
où je suis grave connu
mais jamais le bienvenu
et là je tombe sur un inspecteur
style Jean-Marie un inculte
il va m'enfermer pendant une année
je vais manger morfler dans une cellule
vu sur la vue des condamnés sans pitié
la bouffe pourrie de la zonzon
je vais engraisser les pigeons de la prison
qui vont être malades
et chier de grosses merdes
sur les matons
et ça va me faire kiffer moi et mes potes
un matin on vient toquer à ma porte
et on me dit :
« t'es libérable Mc Clean »
devant la prison
le comité de probation
vient me chercher
avec une vieille bagnole
et un bouquet de fleurs en plastique
et l'on m'emmène dans un bureau
où on me parle de réinsertion
« tu sais ce que c'est la réinsertion ? »
alors je dis oui c'est livreur plongeur déménageur
tous ces boulots-là me mettent le haut-le-cœur
par contre monsieur le juge

vous connaissez le métier de slameur ?
il me dit non
je lui dis...
nique ta sœur.

BLAH !

les auteurs

Abd El Haq

Sur scène avec Spoke Orkestra ou en solo, Abd El Haq ne tient pas en place. Vous le rencontrerez à la Goutte d'Or, à Paris, lors des slam sessions Animal Factory qu'il anime avec YO au Xango Bar, à l'initiative de l'association Chasseurs de textes. Membre du collectif Bouchazoreill' Slam Experience, il forme le trio Harragas Blues en mai 2007 avec Franck Vaillant et Franco Mannara.

Bédouin dans le RER, Abd El Haq passe le témoin en animant des ateliers d'écriture de Saint-Ouen à Ouagadougou en passant par Etampes.

Benoit Izard

Architecte de formation, puis danseur pour Jérôme Bel *(The Show must go on)*, Meg Stuart *(Highway 101)*, Gwenaël Morin *(Théâtre normal)*, ainsi que dans ses créations personnelles. Il participe en 2006 à sa première scène slam. Il anime depuis des ateliers d'écriture, travaille avec le Centre Georges-Pompidou et se produit également seul en scène.

Céline Robinet

Née en 1977, elle vit à Berlin. En 2005 est sorti son premier recueil de nouvelles aux éditions Au Diable Vauvert, *Vous avez le droit d'être de mauvaise humeur, mais prévenez les autres !*. Elle récidive en 2007 avec *Faut-il croire les mimes sur parole ?*, toujours au Diable Vauvert. Elle est également traductrice de l'allemand et de l'espagnol et chroniqueuse pour le bimensuel francophone *La Gazette de Berlin*, où elle s'occupe des pages culture.
celinerobinet@web.de

Chantal Carbon

Artiste peintre, elle découvre le slam en 2001 au squat du 59, rue de Rivoli, lors d'une scène animée par Nada et Mimnerme le Mot-Dit. Elle devient bientôt une habituée des scènes. Cofondatrice en 2003 du collectif Slam ô féminin, elle travaille également avec Ucoc. En 2007, ils créent ensemble le duo O Mind qui mêle slam et musique électronique.
http://slamofeminin.free.fr
http://www.myspace.com/omind

D de Kabal

Rappeur originaire de Bobigny, cofondateur du groupe Kabal qui a écumé les studios, les bacs et les scènes entre 1993 et 2000, comédien au théâtre depuis 1999, slameur depuis 2002, membre du collectif Spoke Orkestra, auteur à lire sur papier et à écouter au théâtre depuis 2003, D de kabal frappe sur tous les fronts de sa voix grave et rocailleuse... Activiste indispensable et inépuisable, il est à l'origine du projet 93 Slam Caravane visant à promouvoir la discipline en Seine-Saint-Denis, de la compilation Bouchazoreill' Slam Expérience (Because, 2007) et partie prenante dans toutes les expériences musicales et humaines les plus aventureuses de cette scène... On le retrouve au micro du groupe La Théorie du KO (Chief Inspector, 2007), à la tête de la compagnie R.I.P.O.S.T.E et du label musical Asphaltiq', sur la table d'un salon de massage et en première ligne pour ne pas s'arrêter de remuer ses contemporains -
d2kabal.com

Da Gobleen

Venu du rap, il aborde le slam en 2000. Présentateur organisateur de scènes slam à Paris depuis quelques années, au Refuge (17e), au Playlounge (18e), et au Toucan (11e), il anime aussi des ateliers d'écriture en région parisienne et en province, avec son association C'est Slam, aidé de Nico K et d'Ange.
Il fait aussi partie du groupe Slazzjam, fusion entre jazz, slam et le reste, qui tourne un peu partout en France.
www.myspace.com/dagobleen

Dame Gabrielle

Curieuse des possibilités esthétiques qu'offre le slam, Dame Gabrielle investit les scènes parisiennes en 2004. Elle dirige l'association Art'icule, participe à divers projets et gère le site d'information www.le-slam.org.
http://www.myspace.com/damegabrielle

Damien Noury

Né en 1973. Comédien de formation, Damien Noury crée la compagnie de l'Uppercut qu'il dirige depuis 1998. Il découvre le slam en 2002 et investit progressivement les scènes parisiennes, notamment la Fonderie dont il remporte trois fois le concours. En 2005, il crée avec Tô, son partenaire de toujours, AC !, un duo de pulse poésie dans lequel ils rassemblent leurs textes et développent un parcours de sens et de son. Depuis, il joue sur de nombreuses scènes et festivals, et dirige des ateliers de slam.
cie.uppercut@wanadoo.fr
www.myspace.com/compagniedeluppercut

Dgiz

Rappeur slameur scatteur incontournable. Il officie avec ses comparses DJ Junkazlou, Hélène Labarrière, Sylvain Kassap, Fantazio, Louis Sclavis, Stephen Harrison, Sylvaine Hélary, Vincent Courtois, MC Jamalski, Dominique Pifarely, François Merville, Mederic Collignon, Hélène Breschant, Maxime Delpierre... Il multiplie les scènes depuis la sortie de son premier album *Dgiz hors* en 2003. Il anime des slam sessions à l'atelier du Plateau à Paris et dirige des ateliers d'écriture avec des universités, des collectivités et des associations partout en France...
http://dgiz.free.fr/

Didier Feldmann

Né à Paris. 1954. Théoricien de l'écriture, praticien de la poésie, faiseur de photos, constructeur de vidéos.
www.videopaper.net

Eric Cartier

Né dans le Var en 1972, il est membre du groupe Vibrion, et anime ateliers d'écriture et scènes ouvertes.

Félix J

Félix J est auteur, performer et des fois éditeur. Il collectionne les affichettes d'avis de recherche d'animaux perdus et les emballages de sucreries chimiques.
Membre du collectif SPOKE ORKESTRA, il publie son premier album solo en 2006 avec Vincent Artaud (« DUM DUM » - Discograph).
Il écrit également pour le théâtre et se produit régulièrement seul en scène, sur un répertoire à l'humour trash décapant -
Co-fondateur avec Didier Feldmann des éditions SPOKE.
Il participe à l'opération 93 Slam Caravane - il ne s'ennuie pas -
myspace.com/chezfelixj
myspace.com/dumdumfelixj
myspace.com/spokeorkestra

Frédéric Nevchehirlian

Né à Marseille en 1973, Frédéric Nevchehirlian est poète, auteur et compositeur. Chanteur du groupe Vibrion (prix Découverte, printemps de Bourges 2005) dont un premier album a paru (*Nocturne*, 2005), il a aussi collaboré avec Serge Teyssot-Gay, Marcel Kanche, Akosh S., Susan Buirge, le groupe Jours, etc. Il a notamment publié un recueil de poèmes aux éditions Spoke intitulé *L'Amérique*.
www.myspace.com/nevchehirlian
www.myspace.com/vibrion

Gaspard

Venu au slam en 2006, il sulfurise toutes les scènes sur lesquelles il se produit depuis.

Grand Corps Malade

Entré dans l'univers du slam en 2003, Grand Corps Malade se fait rapidement une place de choix sur la scène slam française, en arpentant toutes les petites scènes ouvertes et en remportant plusieurs grands tournois (Bouchazoreill', Slam United…). Il fonde « Le cercle des poètes sans instru » (en compagnie de « *John Pucc' Chocolat, Droopy* et *Techa* » et le collectif *129H*) et se produit dans de nombreux festivals. Depuis 2004, il anime *Slam'Aleikoum*, la scène slam du Café Culturel, à Saint-Denis, avec John Pucc' et Ami Karim. Désireux de transmettre l'envie d'écrire et de dire, il anime plusieurs ateliers d'écriture dans diverses structures (centres sociaux, hôpitaux, prisons) et participe avec D' de Kabal, Hocine Ben, Gérard Mendy et Félix J. au projet 93 Slam Caravane (ateliers et scènes ouvertes itinérantes). En 2006, les rencontres de S Petit Nico, slameur/compositeur, et Jean-Rachid, producteur, l'amènent à enregistrer son premier album MIDI 20. Le succès de celui-ci lui permettra d'être récompensé par deux Victoires de la musique et d'effectuer une tournée de plus de 120 dates jusqu'à la fin 2007.

Grégoire Pellequer

Comédien plasticien, il est diplômé des Beaux-Arts de Lyon et du cours Florent à Paris. Auteur de nouvelles et de poèmes (éditions Spoke, Mango), d'un one-man-show *Grégoire aime les bananes et Romane Bohringer* et d'une pièce de théâtre *La naissance d'un acteur*, réalisateur et acteur de courts-métrages, dont *Homme chic pour rencontre choc*, d'Arnaud Juhérian. Il est depuis peu chroniqueur à la radio.

Hocine Ben

Futur maire d'Aubervilliers, et ancien breaker, Hocine vient au slam par le hip-hop. Il participe au 93 Slam Caravane, à la compilation Bouchazoreill' Slam Experience, collabore avec Marc Perrone, Fantazio...

Joël Flammer

Né en l'an 1958 du calendrier grégorien. Explorateur des transports urbains aériens et souterrains. Chercheur en sismologie du verbe et de ses lignes de fuites. Artiste transformateur.

Johann Guyot-Baron, dit Yo

Un soir de défonce particulièrement border line, il trouva en se réveillant dans le caniveau un beau stylo de la marque Mont Blanc. Et, surprise, en tenant juste ce dernier du bout des doigts, il découvrit que cet accessoire était MAGIQUE et qu'il écrivait tout seul ! S'exprimant sur toutes les scènes de l'univers, Johann Guyot-Baron n'hésite pas à tout sagouiniser sur son passage. Il aime : les culottes Petit Bateau, Belleville, le magazine *Voici*, Antonin Artaud, Haruki Murakami, l'opium et le cinéma asiatique... Il n'aime pas : les écrivains vivant rive gauche, la techno, les allemandes qui ne s'épilent pas et les étudiantes en littérature... Johann Guyot-Baron n'a qu'un seul projet : coucher avec votre femme...

Julia Kino

Julia Kino vit à Nantes. Elle vient de publier son premier roman *Adieu la chair*, Sarbacane, Coll. Exprim', 2007.

La Gabin

Précieuse précurseur, cette petite sœur de Lilith développe les scènes slam dès 1999, en assure la promotion et fait exister le slam en France. Depuis 2002, elle accompagne des artistes plasticiens dans la réalisation de leurs projets. Reine de la jet sex des poètes et des peintres, spécialiste de l'humour en gros et au détail, sa prose est superficielle par profondeur, légère par politesse, crue par tendresse… et quand elle en fait un peu trop, c'est juste assez !

Le Robert

Ouvrier spécialisé de laboratoire photo argentique, se trouva fort dépourvu lorsque le numérique fut venu. Ancien jeune homme, se trouva fort dépourvu lorsque la cinquantaine fut venue. Puis, entre dans un troquet, monte sur une scène et ne veut plus en descendre. Puis écrit des textes sans arrêt. Grand malade (graphomanie, exhibitionnisme, priapisme, etc.). A une chouette vie maintenant.
myspace.com/lerobert

Les Lyricalistes
Collectif bordelais formé en 2002. Mené par Khalid Bunel, Marco Codjia et Nicolas Lavalade, il anime une scène hebdomadaire au café La Dibiteri, aujourd'hui l'une des plus régulières de l'hexagone. Les Lyricalistes dirigent également de nombreux ateliers d'écriture et de slam.

Lyor
Il commence une expérience de groupe à Toulouse, en 1993, avec L'Armée des ombres. Il participe alors à quelques concerts et quelques mix-tapes et anime une émission hip-hop (Tuluz Crackers) sur la radio Campus locale, en 1995. Un jour de 2001, Lyor débarque à Paris. Le lendemain soir, il découvre le slam et ses futurs acolytes. Il participe alors à cette aventure sous la bannière du collectif 129H. Après quatre ans de scènes slam, performances, concerts et ateliers d'écriture, grâce à toutes ses rencontres, Lyor s'enrichit d'une couleur musicale directement inspirée par ses textes, avec Gilles Erhart, pianiste et compositeur du projet Lueur.
http://www.myspace.com/lyorhiphopslam

MC Clean
Activiste historique de la scène parisienne, MC Clean se partage entre ses activités de DJ et de slameur.

Nada
Ex-punk toxicomane, fonctionnaire le jour, écrivain performer la nuit, Nada doit à son talent façonné dans la radicalité du propos de ne pas pouvoir accéder à un public plus large. A toutes fins futiles, il préfère de loin sa condition d'icône poétique à celle d'idole du slam. Auteur de recueils de poésie – *Ode à Fabienne*, *Poèmes sybillins* (éditions Spoke), *Néant* (Belles Lettres) –, il fonde le collectif SPOKE ORKESTRA avec Félix J. et D' de Kabal en 2001 et se produit également seul en scène *a capella* ou en musique...
http://www.generationslam.com
http://www.myspace.com/nadaslam
poetic.justice@laposte.net

Naima Chahboun

Née en 1980. D'origine suédo-marocaine, elle est diplômée en science politique et en anthropologie sociale à l'université de Stockholm. Slameuse Erasmus 2004-2005 qui n'arrive plus à se détacher de (la scène) Paris(ienne)...

Néobled

Néobled, poète-rappeur-slameur, débute très jeune dans le monde du hip-hop. Dès l'âge de 11 ans, il s'adonne à des free styles, enregistrements, prestations scéniques notamment au Tamanoir, café musique de Gennevilliers. En 2001, il fonde le collectif 129H avec Rouda et Lyor, premier collectif de slam poésie français. Il anime depuis cinq ans des sessions slam à Paris ainsi que de nombreux ateliers d'écriture en banlieue parisienne, en province et à l'étranger. En 2006, Néobled sort son premier album solo *La Vie après les maux.*

http://www.myspace.com/neobled

Nico K

Il respire depuis 1983, parle depuis 1985, écrit depuis 1989, rêve d'être une rock-star depuis 1994, rappe depuis 1999, slame depuis 2002, organise et présente des scènes ouvertes, Slam & Jam depuis 2003, anime des ateliers d'écriture et d'expression avec l'association C'est slam depuis 2005, se vend à l'industrie du disque et du livre depuis 2006, joue dans des courts-métrages depuis 2007. A suivre.

Normal

En 1999, Normal slame dans les bars de Belleville à Paris. En 2001, il crée le premier média spécialisé : *Slamzine*. En 2004, un numéro spécial de ce mag se veut la première enquête sur le slam en France : repères historiques, panorama documenté des différentes pratiques, analyses de la scène et des coulisses. En 2002, Normal organise le premier débat sur le slam. En 2004, il cofonde Slam Family, collectif qui initie des rencontres-débats. Soudain, en 2006, blablablablabla.

serialnormal@yahoo.fr

Paul Cash

Dès 1996 il va dire ses poèmes sur des scènes ouvertes comme celle de la Flèche d'or à Paris. Il rencontre le slam en 1999. Depuis, il est un être qui essaie de l'être de temps en temps (huit secondes). C'est pourquoi il a encore du mal à se définir...

Rouda

Membre fondateur du collectif 129H, premier collectif de slameurs français, Rouda se présente comme un poète rappeur slameur. Entre l'organisation de soirées slam et l'animation d'ateliers d'écriture, il s'est attelé à la composition de son premier album : *Musique des lettres* (Le Chant du monde-Harmonia Mundi, 2007).
www.129h.com
www.myspace.com/labrindille

Tô

Né en 1971 à Paris, Antoine Faure dit Tô pratique la pulse poésie. Poète slameur, il arpente les scènes depuis 2002 et gagne le Grand Slam de 2004. Depuis, il transporte sa poésie et ses performances en Europe notamment, avec Poesie United, groupe international de poètes.
Aujourd'hui, il donne des ateliers de slam et joue en France et à l'étranger *AC ! En nos âmes et consciences* en duo avec Damien Noury, une création de la compagnie de l'Uppercut dont il est membre depuis 1998.

Ucoc Lai

Héritier des folies du Cambodge et farouche objecteur de nos consciences, Ucoc est un pur performer. Immanquable sur scène depuis 2000, il a publié un recueil de poèmes au éditions Spoke, travaille pour le théâtre et collabore avec Chantal Carbon au sein du groupe O Mind. Il participe également à l'opération 93 Slam caravane visant à promouvoir la discipline en Seine-Saint-Denis.
http://www.myspace.com/ucoc

à tous ceux qui ont été, sont et seront présents sur cette scène,
ceux qui la font vivre et tous ceux qui ne sont pas dans le livre
mais qui s'activent...
merci...
à suivre...

cahier photos

page 1
sans titre

page 2
normal (le trabendo)

page 3
abdel haq (autobus café)
da gobleen (l'appart)

page 4
didier feldmann (l'appart)

page 5
nada (la boule noire)

page 6
ucoc lai (le trabendo)

page 7
une session slam paris 14e
paul cash (chez lui)

page 8/9
« tête de lecture » (le trabendo)

page 10
d' de kabal (autobus café)
129h (dans le métro)

page 11
félix j & shakiamuni
(devant le trabendo)

page 12
hocine ben (festival sons d'hiver)

page 13
yo (le trabendo)

page 14
chantal carbon (le tryptique)

page 15
grand corps malade (le trabendo)

page 16
naima chahboun (le trabendo)

ttttttttttttttttttttracklist cd

1 -	**Nada** - Publivore Blues -	4:02
2 -	**Abd El Haq** - Casaserpents -	4:35
3 -	**Félix J.** - Les jeux	3:35
4 -	**Yo** - Je n'ai aucune ambition et de toute façon je trouve cela vulgaire	4:08
5 -	**D' de Kabal** - Les 4 frères	4:36
6 -	**Ucoc Lai** - Menu	3:28
7 -	**Dgiz** - Constate	4:39
8 -	**Le Robert** - Amstrong	3:33
9 -	**Dame Gabrielle** - J'ai grandi	2:46
10 -	**Benoit Izard** - Nicolas	2:54

enregistré le 10 avril 2007 au Shango bar (Paris 18ème)
soirée Animal Factory / Les Chasseurs de Textes

Cet ouvrage a été imprimé par

FIRMIN DIDOT

GROUPE CPI

Mesnil-sur-l'Estrée

pour le compte des Éditions Grasset
en septembre 2007

Imprimé en France

Dépôt légal : septembre 2007
N° d'impression : 86550